伊藤さとしが
やさしく、詳しく解説

ヘラブナ釣り
超入門

つり人社

33
Part.03
実釣前の基礎知識

53
Part.04
DVDで分かる釣り方別解説

■本書はつり人社発刊の隔月刊ＤＶＤヘラブナマガジン『ボーバー』vol.078 ～ 084 の
連載企画「伊藤さとしのヘラブナ釣り超入門」を１冊にまとめ、新たに加筆編集したものです。

伊藤さとしが
やさしく、詳しく解説

ヘラブナ釣り 超入門

Contents

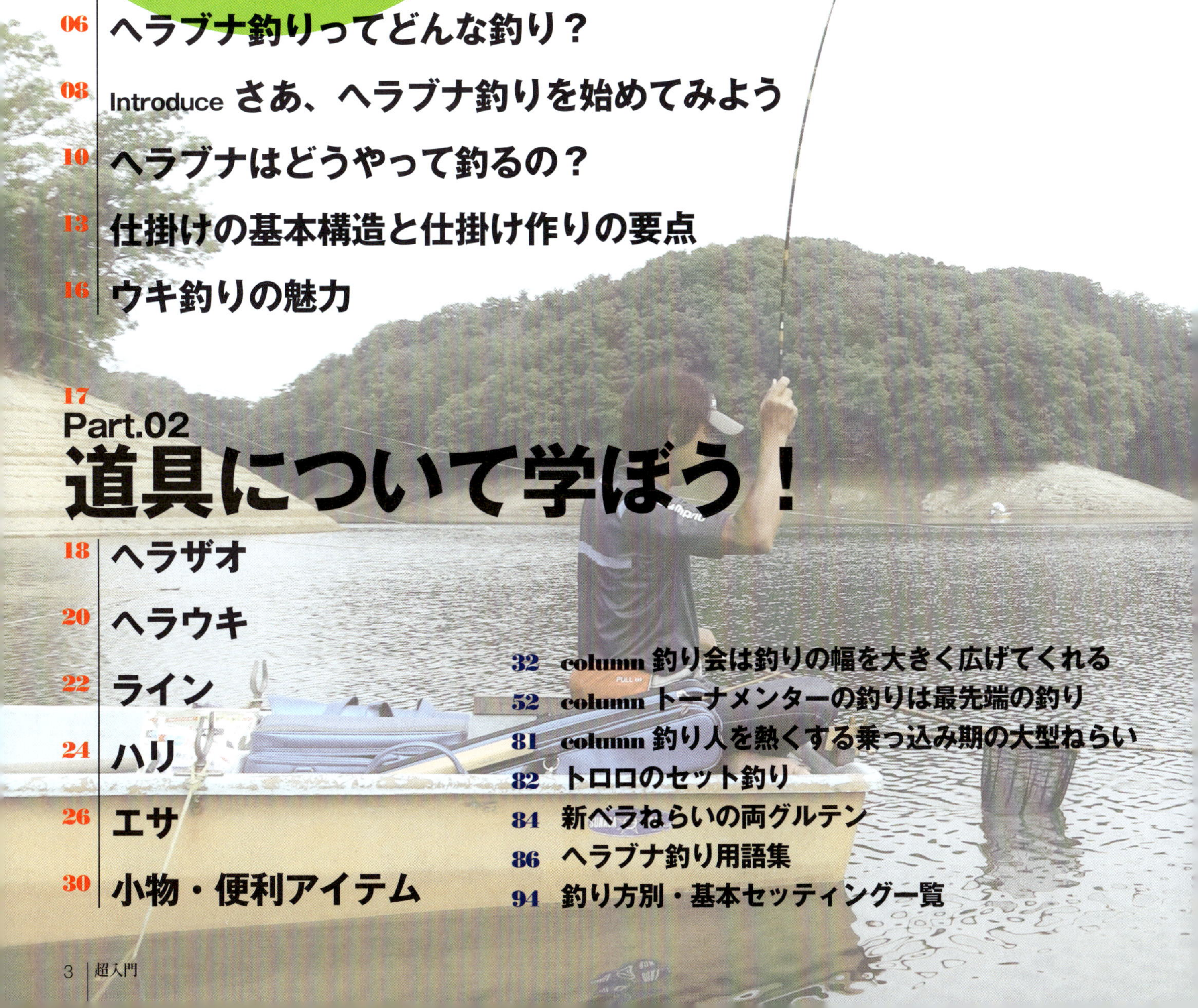

ヘラブナ釣り超入門

Part.01

ヘラブナ釣りの基礎を知ろう！

ヘラブナってどんな魚？

釣り人になじみのあるヘラブナとは、琵琶湖の固有種であるゲンゴロウブナを食用のために大きく早く育つように品種選別を繰り返して生み出された魚です。現在は、主に関西や四国で飼育されています。飼育されたヘラブナは、管理釣り場や釣り堀だけでなく、自然湖沼にも放流されています。この放流のおかげでヘラブナ釣りを楽しむことができるのです。また、放流されたヘラブナが自然繁殖を繰り返すことで、個体数を増やしている場所も多くあります。

魚体は、ほかのフナ類とくらべてあきらかに体高があるのが特徴。これが魚自体の格好よさでもあり、小気味よい引きを見せてくれる一因です。また、放流魚は白銀色のきれいな個体ですが、自然繁殖を繰り返し、地ベラ化した個体は黒光りして野武士のようになるなど、釣り場環境によっても変わります。

食性は水中にいる植物性プランクトンを水ごと吸い込みます。この就餌を利用して、水中で溶け出す練りエサによるヘラブナ釣りが確立したのです。

ところでヘラブナという名前は、正式名称ではなく通称です。標準和名ゲンゴロウブナの別名とされています。ヘラブナと呼ばれるようになったのは、諸説ありますが、体高があって扁平、しかも体が薄いことから道具のへら（箆）のようなフナ……という説が有力です。

ヘラブナ釣りってどんな釣り？

ヘラブナ釣りは練りエサを使用したウキ釣りです。食性を利用した釣り方ということは、先に少し触れました。ヘラブナは、溶け出したエサにゆっくり近づきます。そしてこぼれたエサを吸い込みますが、大きさや硬さに違和感があると吐き出します。この水中の動きが、繊細なヘラウキに独特の動きとして伝わります。言葉で表現するのは難しいのですが、サワリやアタリという動きがヘラブナでしか出ない独特の動きなのです。そして、多くの釣り人がこれに面白さを感じ、今日まで趣味の釣りとして続いています。

大まかなヘラブナの四季の動きをみると、春は産卵期にあたるので、野釣り場では抱卵した大型がねらえます。管理釣り場でも暖かくなるにつれ、浅いほうへ魚が動きます。「春は底を釣れ」という格言がありますが、これは底のカケアガリをつたって浅場へ移動するヘラブナをねらうという意味です。

夏になるとヘラブナの活性は最高潮に達し、積極的にエサを追うようになります。この時期は、練りエサの真骨頂である両ダンゴが面白い季節です。当たるぞ、当たるぞ、という強いサワリのあと、ウキが水中へ持っ

ヘラブナ釣りを楽しむフィールド

管理釣り場

ヘラブナを放流し、桟橋など釣り座が整備された有料釣り場。池は、もともとあったものや農業用の溜池を利用したものなど様々。箱形のものから自然湖沼のような釣り場もある。秋の新ベラシーズンに定期的に放流されていることから魚影が多い。設備面、釣果面からも入門に最適なフィールド。

野釣り場

山上湖や河川、野池などの自然湖沼。定期的な放流がある釣り場もあれば、自然繁殖だけの釣り場もある。船宿が貸しボートや桟橋釣りを管理営業している釣り場もあれば、釣り台を持参して陸っぱりから楽しむ釣り場まで様々。広大な釣り場で釣りができる爽快感が味わえる。

ていかれるような消し込みアタリが堪能できます。管理釣り場でも野釣り場でも楽しめますが、広大な湖で爽快なボート釣りを味わいたい時期です。涼しい山上湖なら避暑もかねての釣行が楽しめます。

秋になっても夏の延長の釣りが楽しめます。ヘラブナ釣りでは、「秋はタナを釣れ」という言葉があります。秋は、ヘラブナが好む泳層が次第に深くなります。ですから、その日その日のヘラブナがいるタナをねらえば、大釣りができるということです。さらに晩秋になると、新ベラ放流が各地の釣り場で行なわれます。傷ひとつないきれいな魚と出会え、気持ちよい釣りができる時期です。

冬になると、水温低下とともにヘラブナの動きは鈍くなります。セット釣りや底釣りで、食い気の少ないヘラブナとの駆け引きが始まります。そして、わずかなウキの動きで繊細な釣りが楽しめる時期でもあります。

現在では多くの放流と自然繁殖が繰り返されたことによって、比較的身近な場所にもヘラブナがいます。さらにヘラブナ釣り専門の管理釣り場や釣り堀も数多くあるので、近場で手軽に楽しめる釣りの代表格といえるのです。

りを始めてみよう

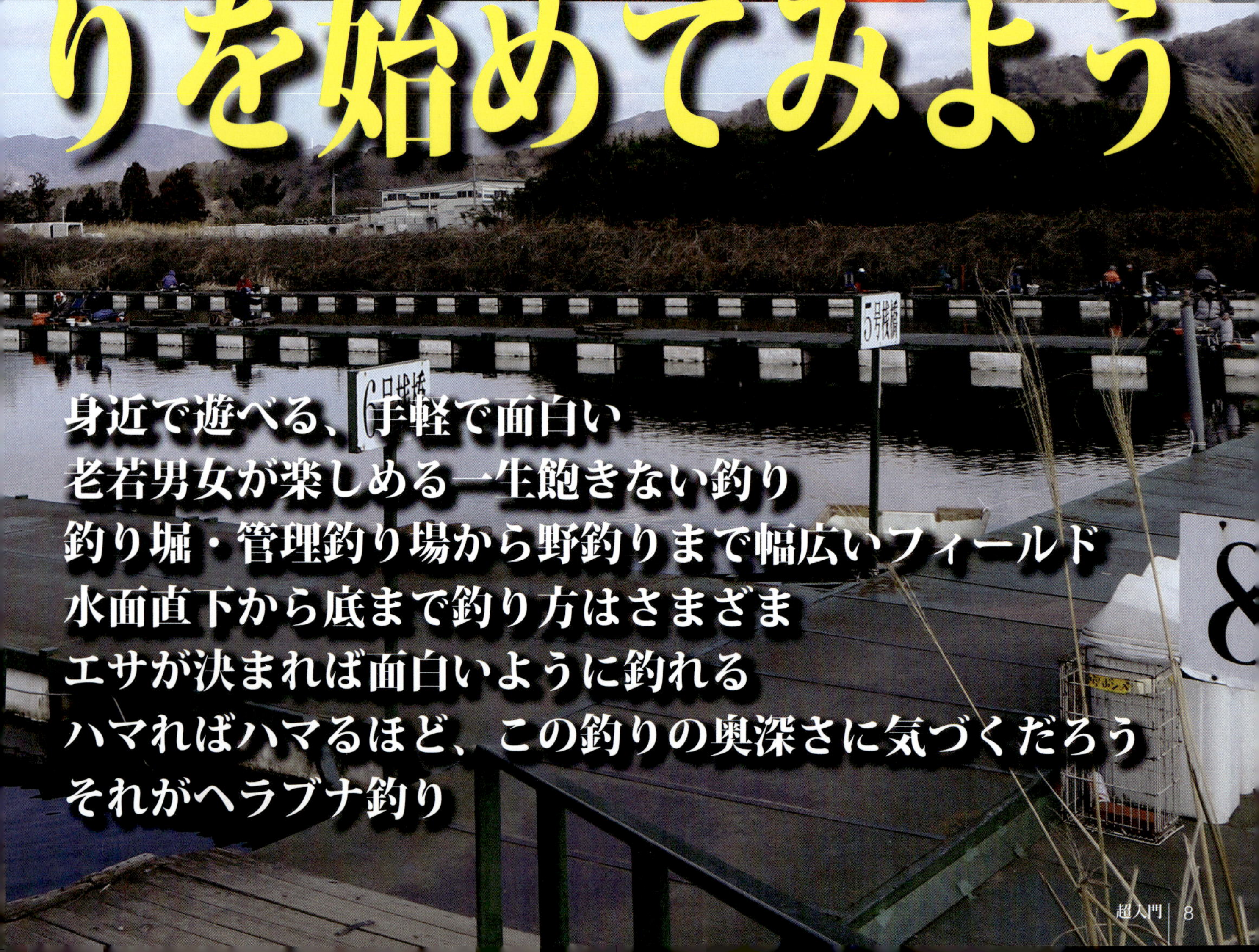

身近で遊べる、手軽で面白い
老若男女が楽しめる一生飽きない釣り
釣り堀・管理釣り場から野釣りまで幅広いフィールド
水面直下から底まで釣り方はさまざま
エサが決まれば面白いように釣れる
ハマればハマるほど、この釣りの奥深さに気づくだろう
それがヘラブナ釣り

ウキ釣りであることこそヘラブナ釣りの魅力そのもの

さあ、ヘラブナ釣

ヘラブナ釣り
超入門
HERABUNA Fishing Introduce

ヘラブナはどうやって釣るの？

ヘラブナを釣る方法は、季節や場所などによりさまざまです。釣り方の種類は、タナ＝ねらう水深とエサの組み合わせで分類します。

●タナ

ヘラブナをねらうタナを大きく分けると、宙と底になります。宙をねらう宙釣りは、水中にエサをぶら下げて釣ります。底釣りは文字どおり、エサを底に着けて釣ります。

宙釣りは、ねらう水深によって釣り方の呼び名も変わります。水面直下から50㎝ぐらいまでのタナをねらうカッツケ。関東の釣り場で多く存在するメーター規定に対応したメーター。ウキをサオ先近くにセットして深いタナをねらうチョウチン……などです。

●エサ

使うエサの違いで、釣り方を表わします。上下２本のハリに麩エサを練ったダンゴエサを付ける両ダンゴ。同じく上下２本のハリにグルテンエサを付ける両グルテン。この２つはカテゴリーとして共《とも》エサと呼ばれます。この共エサに対して、上下のハリに別々のエサを付ける釣り方をセットと呼びます。このセット釣りは、エサの種類で呼び方が変わります。上バリにバラケエサを付けるのは共通ですが、下バリに付けるクワセエサには、ウドン、トロロ、グルテンなどがあり、それぞれウドンセット、トロロセット（『ヒゲトロ』というトロロエサの名前からヒゲトロセットとも呼ばれる）、グルテンセットと称されます。

そして、タナとエサの両方の釣り方の呼び名を組み合わせて、釣り方の名称が決まります。たとえば、カッツケのタナを両ダンゴでねらえば「カッツケ両ダンゴ」、メーターのタナをウドンセットでねらえば「メー

宙釣りのタナ分類

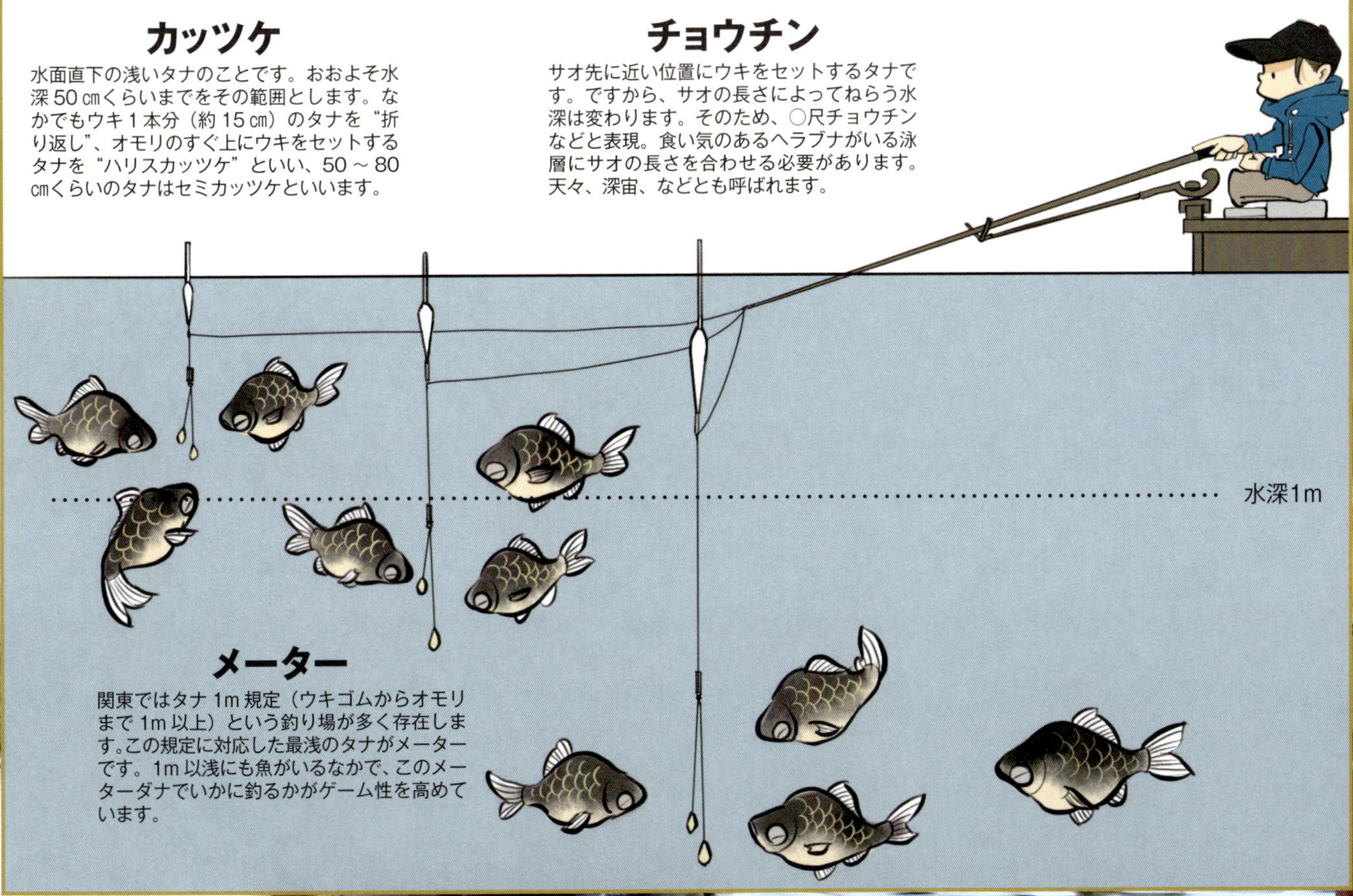
カッツケ
水面直下の浅いタナのことです。おおよそ水深50㎝くらいまでをその範囲とします。なかでもウキ１本分（約15㎝）のタナを“折り返し”、オモリのすぐ上にウキをセットするタナを“ハリスカッツケ”といい、50～80㎝くらいのタナはセミカッツケといいます。
チョウチン
サオ先に近い位置にウキをセットするタナです。ですから、サオの長さによってねらう水深は変わります。そのため、○尺チョウチンなどと表現。食い気のあるヘラブナがいる泳層にサオの長さを合わせる必要があります。天々、深宙、などとも呼ばれます。
水深1m
メーター
関東ではタナ1m規定（ウキゴムからオモリまで1m以上）という釣り場が多く存在します。この規定に対応した最浅のタナがメーターです。1m以浅にも魚がいるなかで、このメーターダナでいかに釣るかがゲーム性を高めています。

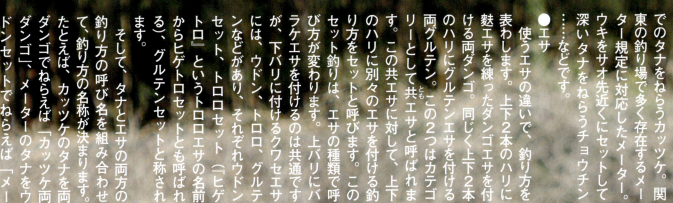

ターウドンセット」、底を両グルテンでねらえば「両グルテンの底釣り」となります。

　釣り方の選択ですが、タナに関しては、魚影が多く活性が高ければ浅いほうが釣れます。ですから、カッツケやメーター、短ザオのチョウチンを選択します。逆に魚影が少なく活性が低い時は、底や長ザオのチョウチンとなります。

　エサは、初夏から秋口の活性が高い時期は、両ダンゴまたはトロロセット、晩秋から初春はウドンセット、両グルテン、グルテンセットの出番が多くなります。

　このように釣り方の種類は多岐にわたりますので迷いやすいのですが、ビギナーのうちは、比較的釣りやすい短ザオのチョウチンをオススメします。

エサによる釣り方の分類

両ダンゴ

上下２本のハリに麩エサを練ったダンゴエサを付けるヘラブナ釣りの代名詞といえる釣りです。ヘラブナがエサを積極的に追う盛期に活躍します。エサ合わせとダイナミックなウキの動きが魅力です。

両グルテン

上下２本のハリにグルテンエサを付ける釣りです。新ベラ釣りや底釣りで活躍します。軽いエサなので、水温が下がった時期などヘラブナの吸い込みが弱い時でも食わせることができます。写真は底釣り時のものです。

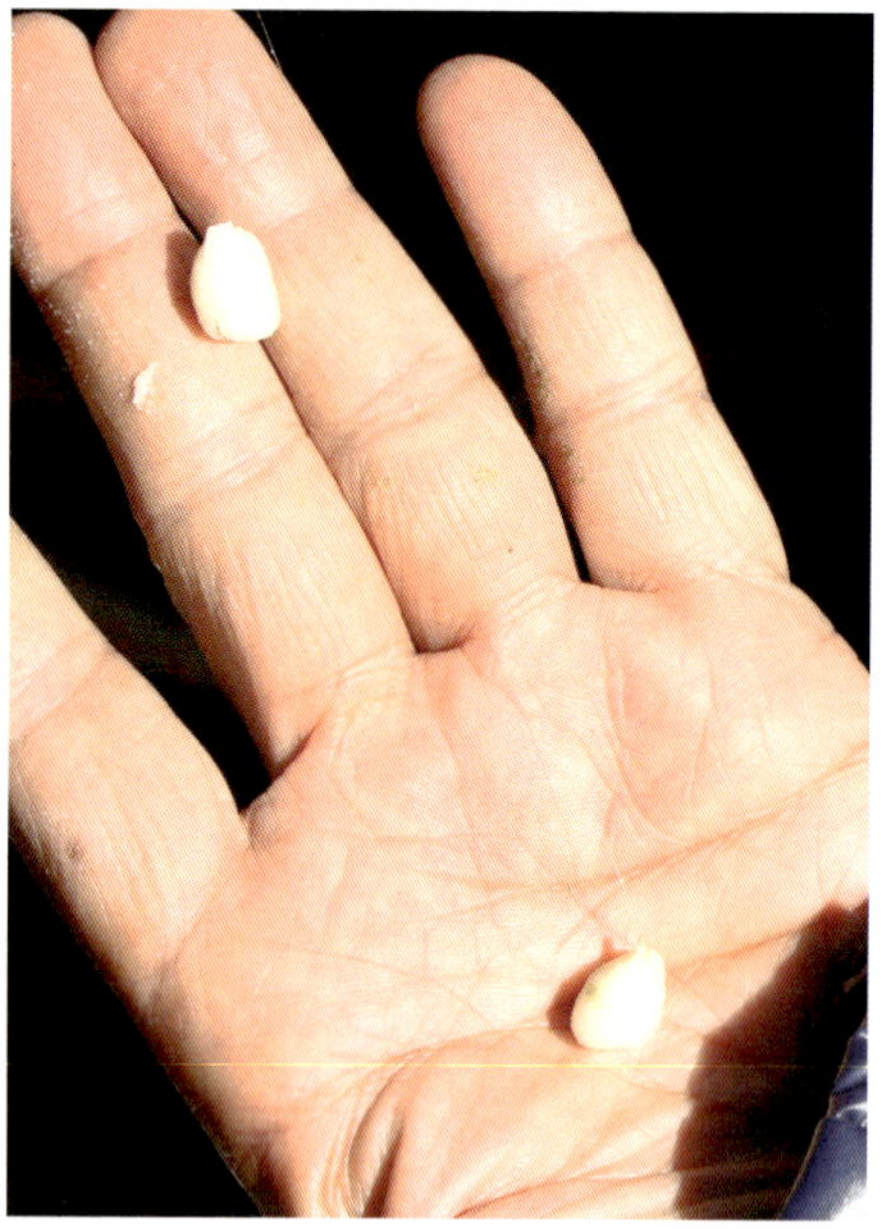

ウドンセット

上バリにバラケエサ、下バリにウドン系クワセエサを付けて釣ります。ヘラブナの活性が落ちる冬や混雑時の食い渋り時に対応する釣り方です。下ハリスの長さを調整してアタリが出るようにします。

トロロセット

上バリにバラケエサ、下バリにトロロエサを掛けて釣ります。活性のある盛期ながら両ダンゴで釣り切れない時に有効です。バラケエサに近づく時期の釣りなので、ハリスは短め、ハリス段差も狭くします。

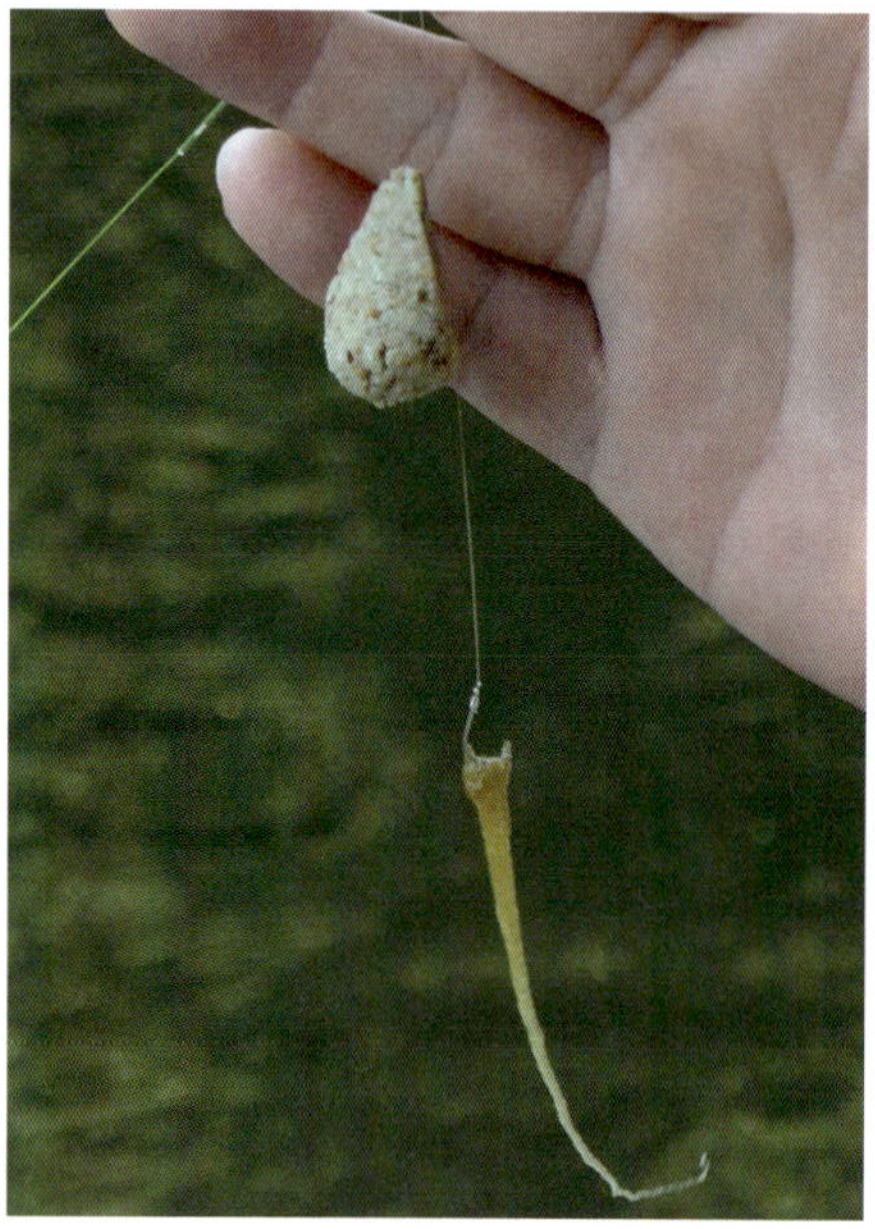

グルテンセット

上バリにバラケエサ、下バリにグルテンエサを付ける釣りです。新ベラねらいの沖宙釣りや底釣り、野釣り全般で多用されます。宙釣りは段差を広くします。写真は底釣り時のものです。

仕掛けの基本構造

ヘラブナ釣りの仕掛けは、水中のヘラブナの動きをできるだけウキに伝えるため、非常にシンプルなものです。主要な構成は、サオ、ウキ、ミチイト、ハリス、ハリです。特徴的なのは、ハリが2本であることです。この2本のハリにエサを付けて、ヘラブナを寄せる、食わせるという2つの役割を担います。両ダンゴや両グルテンといった共エサの釣りでは、その両方の役割を1種類のエサでこなし、上バリにバラケエサ、下バリにクワセエサというセット釣りでは、バラケエサで寄せて、クワセエサで食わせるという役割分担をします。さらにハリスの長さと段差でヘラブナが食うように調整します。そして、その水中の世界をウキの動きから判断していくのです。

ヘラブナ釣りはトータルバランスの釣りといわれます。シンプルな仕掛けですが、それぞれに相関関係があり（エサも絡んでくる）、それが釣りを面白く奥深いものにしています。

たとえば、ヘラブナは落下するエサに興味を示すのですが、活性が低い時は、ゆっくりエサを落とすようにします。エサをゆっくり落とすには、3つの方法があります。

①ハリスを長くする＝ハリスを長くすれば、それだけ水の抵抗を受けてゆっくりエサが落下します。

②ハリを軽くする＝ハリを軽くすれば、ハリが軽くなった分、エサの落下が遅くなります。

③ウキを小さくする＝オモリ負荷量が減るので、その分仕掛け全体がゆっくり落下します。

これに加えてエサを軽くするという選択肢もあります。このようにひとつの目的に対する選択肢が多いのがヘラブナ釣りで、さらに正解がひとつでないところが、より釣りを奥深くしています。

つまりシンプルな釣りだけに仕掛けのセッティングが重要な釣りなのです。

次頁では、実際の仕掛け作りのポイントを解説します。ここをおさえておけばという要点は3ヵ所（①穂先とミチイトの接続、②ウキ回り、③ジョイント部）です。

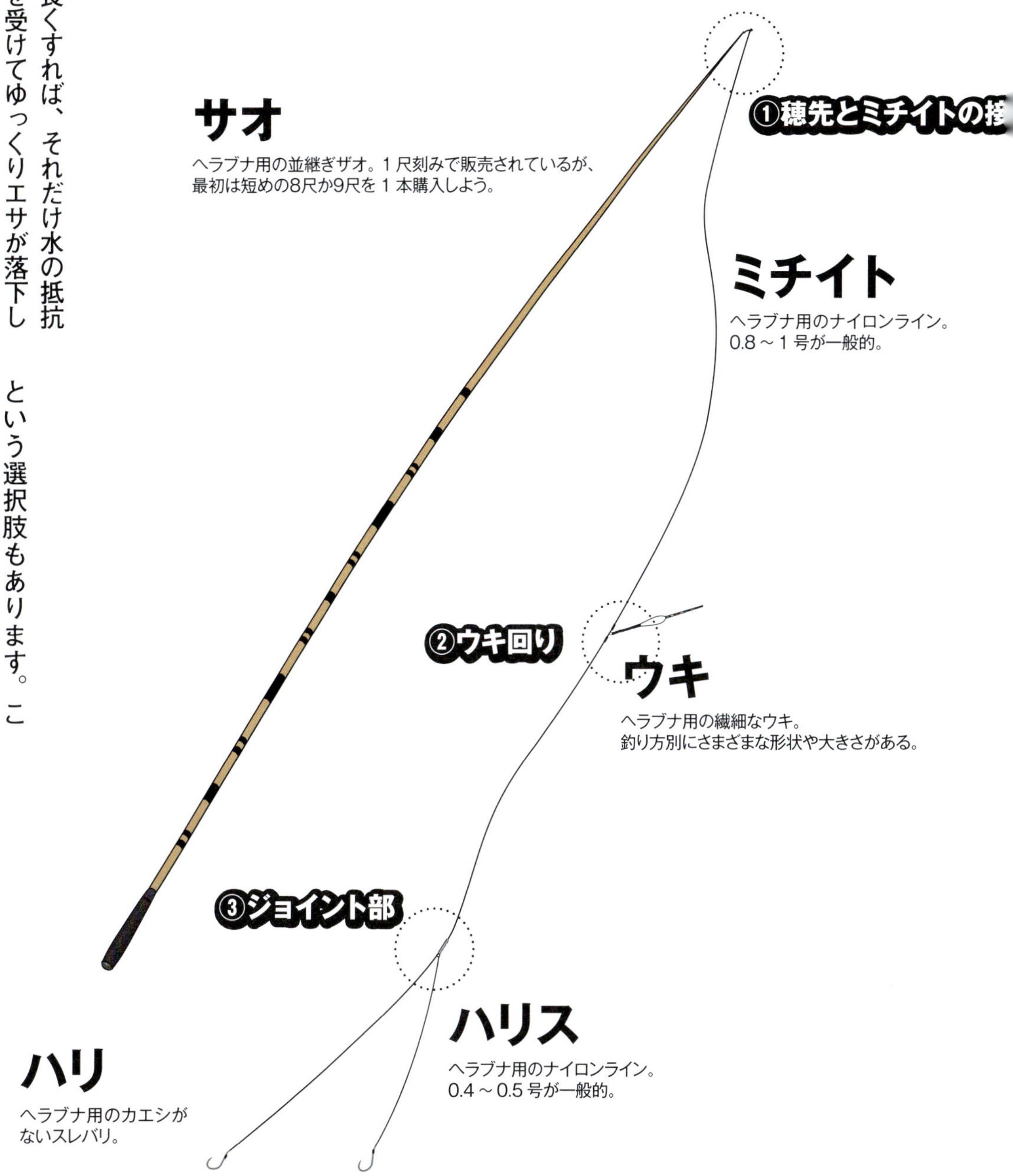

①穂先とミチイトの接
サオ
ヘラブナ用の並継ぎザオ。1 尺刻みで販売されているが、
最初は短めの8尺か9尺を 1 本購入しよう。
ミチイト
ヘラブナ用のナイロンライン。
0.8 ～ 1 号が一般的。
②ウキ回り
ウキ
ヘラブナ用の繊細なウキ。
釣り方別にさまざまな形状や大きさがある。
③ジョイント部
ハリス
ヘラブナ用のナイロンライン。
0.4 ～ 0.5 号が一般的。
ハリ
ヘラブナ用のカエシが
ないスレバリ。

仕掛け作りの要点

ヘラブナ釣りの仕掛けはシンプルなほうがよいとされています。これは余計なトラブルを避けるためでもあります。仕掛け作りでポイントとなるのは、①穂先とミチイトの接続、②ウキ回り、③ミチイトとスイベルを付けるジョイント部分の3ヵ所です。この要点だけおさえれば、仕掛け作りは難しくありません。

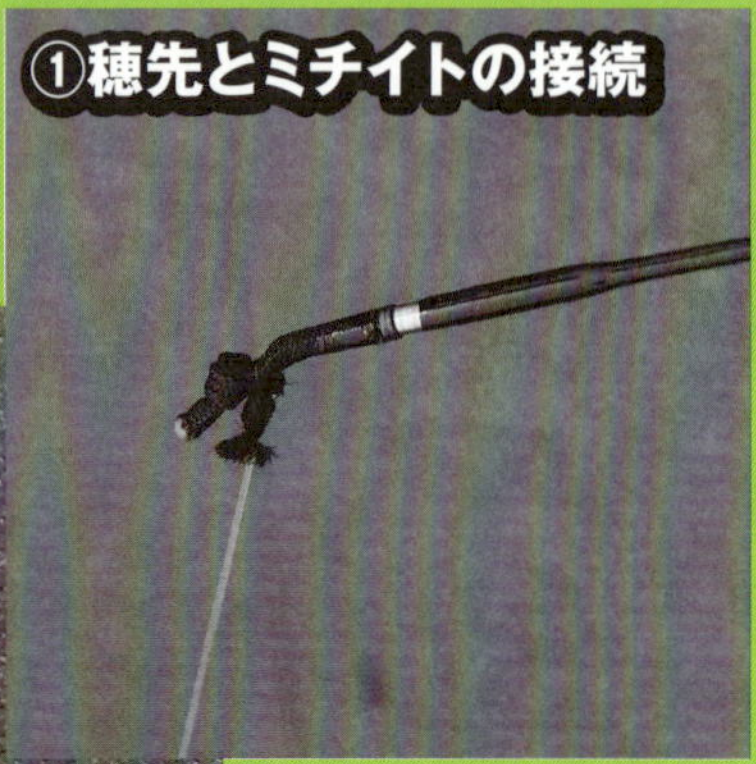
①穂先とミチイトの接続

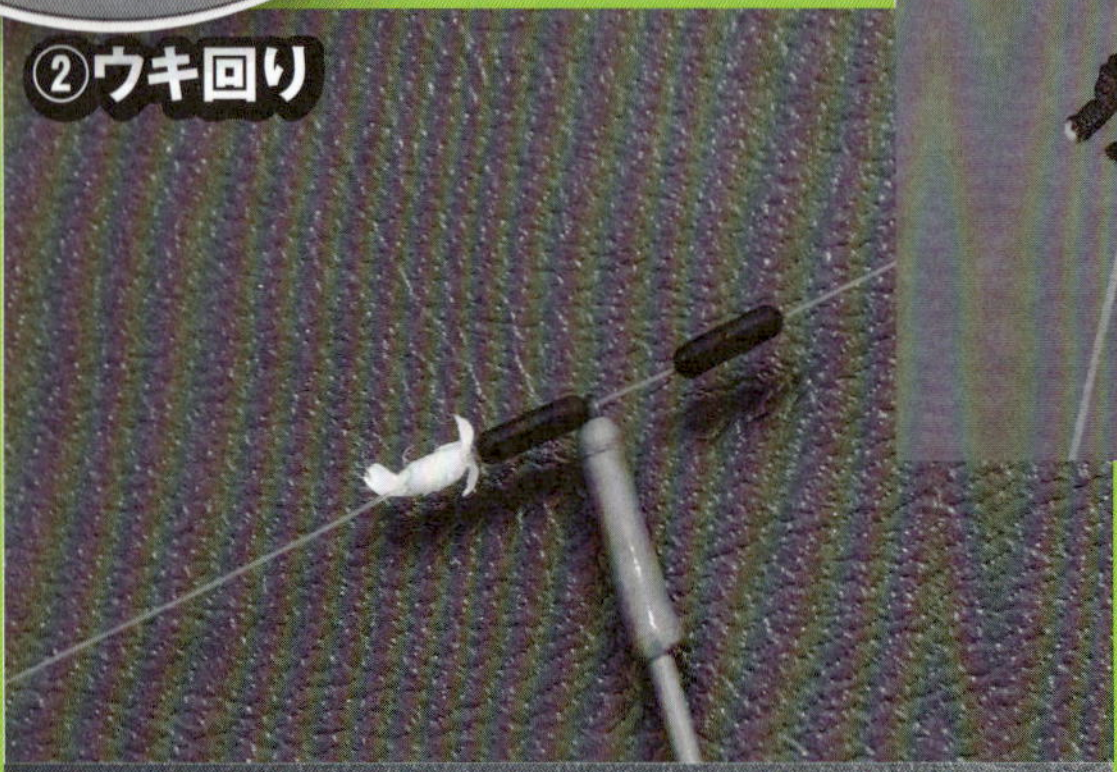
②ウキ回り

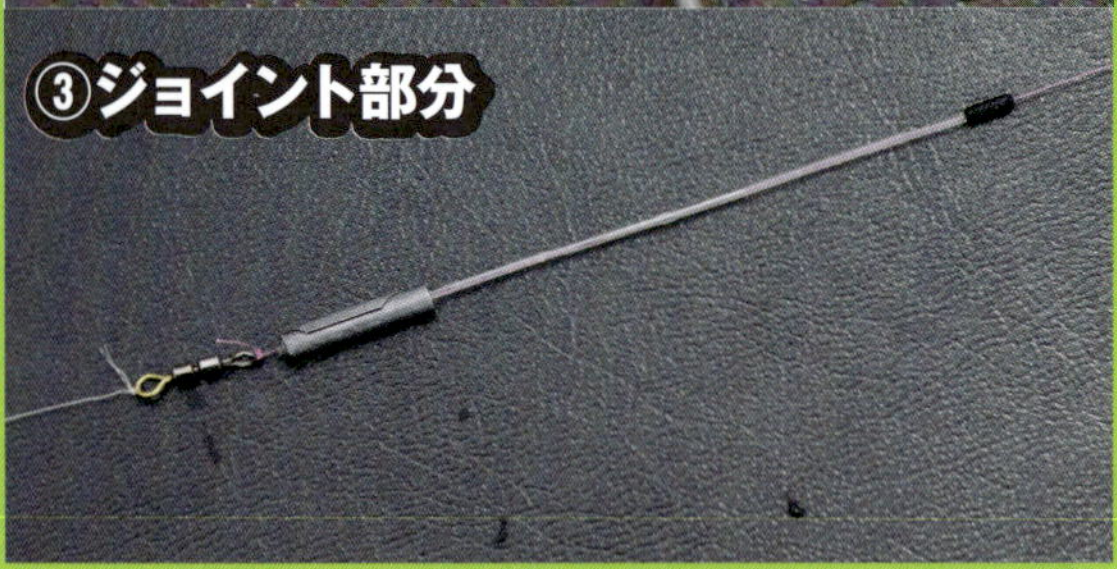
③ジョイント部分

仕掛けを作る時の手順は、浅ダナ釣りなどウキの位置が手元に近い場合は①②③、チョウチン釣りなど、ウキの位置が穂先に近い場合は②①③の順で作ります。

①穂先とミチイトの接続

ミチイトの先端に8の字結びで輪を作ります。そこに木綿糸でトンボを作る要領（ユニノット）でミチイトの輪留めを作ります。輪の中に穂先を通し、トンボを締め上げるように穂先先端のリリアン部で止めます。

②ウキ回り

ウキをさすウキゴム（ミチイトを通せる輪の付いたもの）の上下に市販のウキ止めゴムを取り付けて止めます。手順としては、ウキ止めゴム、ウキゴム、ウキ止めゴムの順で取り付けます。大きなウキを使う場合は、下になるウキ止めゴムのズレ防止のため、木綿糸でトンボを作り補強するとよいでしょう。

③ジョイント部

ミチイトとスイベルを接続し、スイベルの上部にオモリを巻きます。このオモリを巻く部分に、ハリス絡みを防ぐためにウレタンチューブを通します。手順としては、ウレタンチューブを止めるためのウキ止めゴムを1つミチイトにセット。適度な長さ（5㎝目安）に切ったウレタンチューブにミチイトを通します。通したミチイトの先をスイベルと結束。この時に仕掛け全体の長さを決めます。目安としてはサオの握りの中間くらい。ハリスが長くて振り込みにくい時などは短めにします。

実際の仕掛け作りはDVDを見てもらうほうが分かりやすいので参照してください。このほかにも多くの作り方がありますが、複雑な方法ではなく、シンプルで自分が行ないやすく信頼できる作り方を選びましょう。

ミチイトと木綿糸

ウキ止めゴム

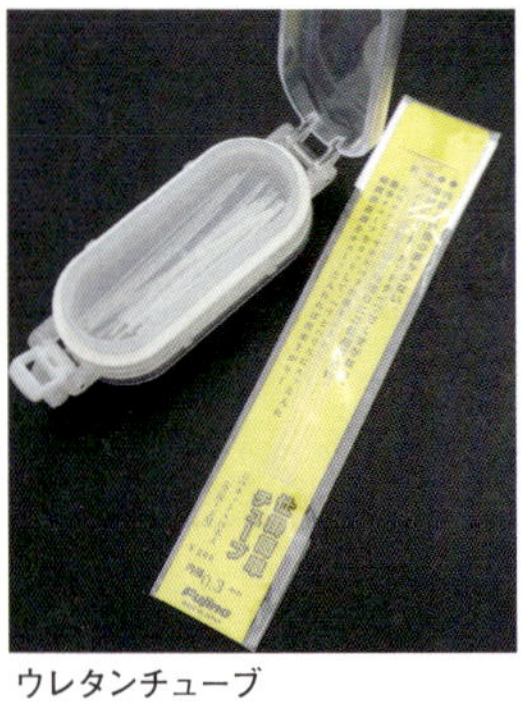
ウレタンチューブ

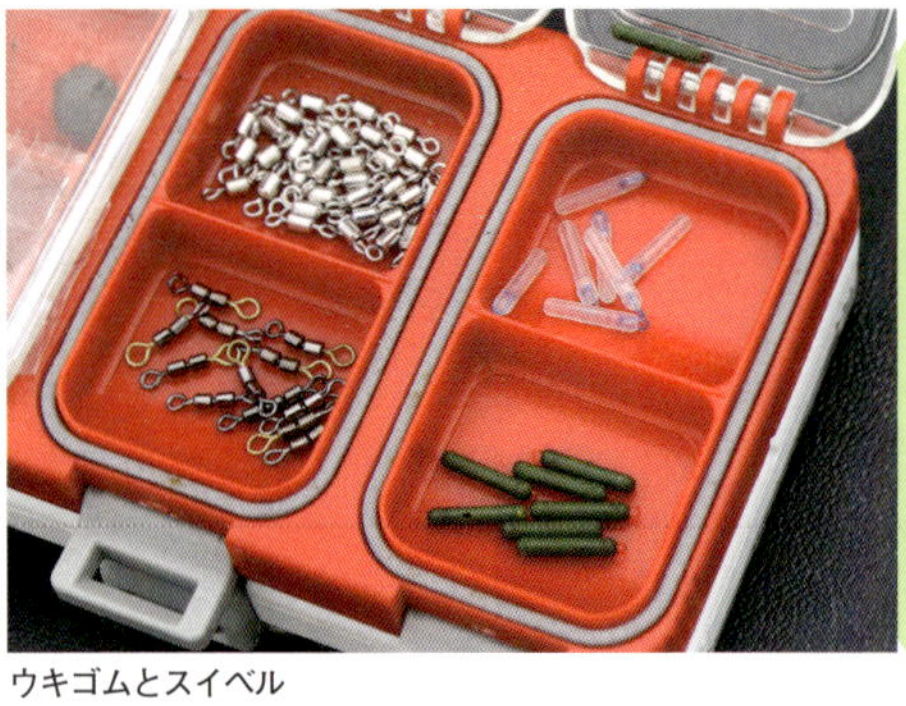
ウキゴムとスイベル

きれいなオモリの巻き方

ウレタンチューブの上に板オモリを巻く時に、不要になったキャッシュカード（硬さのあるもの）を利用します。オモリをきれいに巻かないと、仕掛けが絡んだり、水中落下に影響します。もちろんそれは釣果にも影響します。

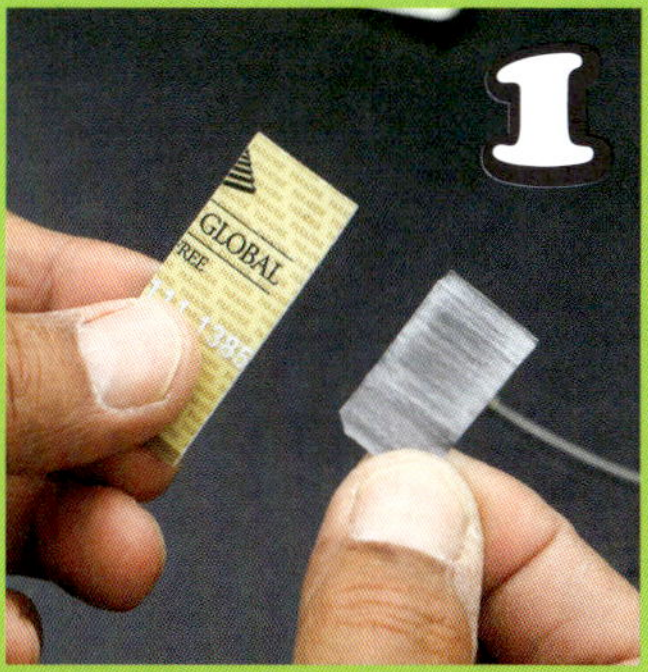

オモリ幅と同じかやや広くカットしたカードを用意します。

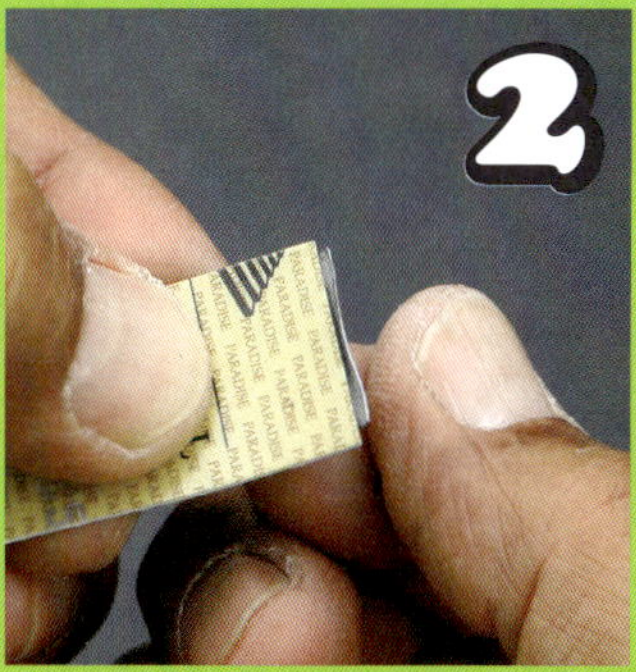

オモリの端にカードを押し当て、折り目を付けます。

横から見るとこのような形に。このすき間にウレタンチューブをはさみます。

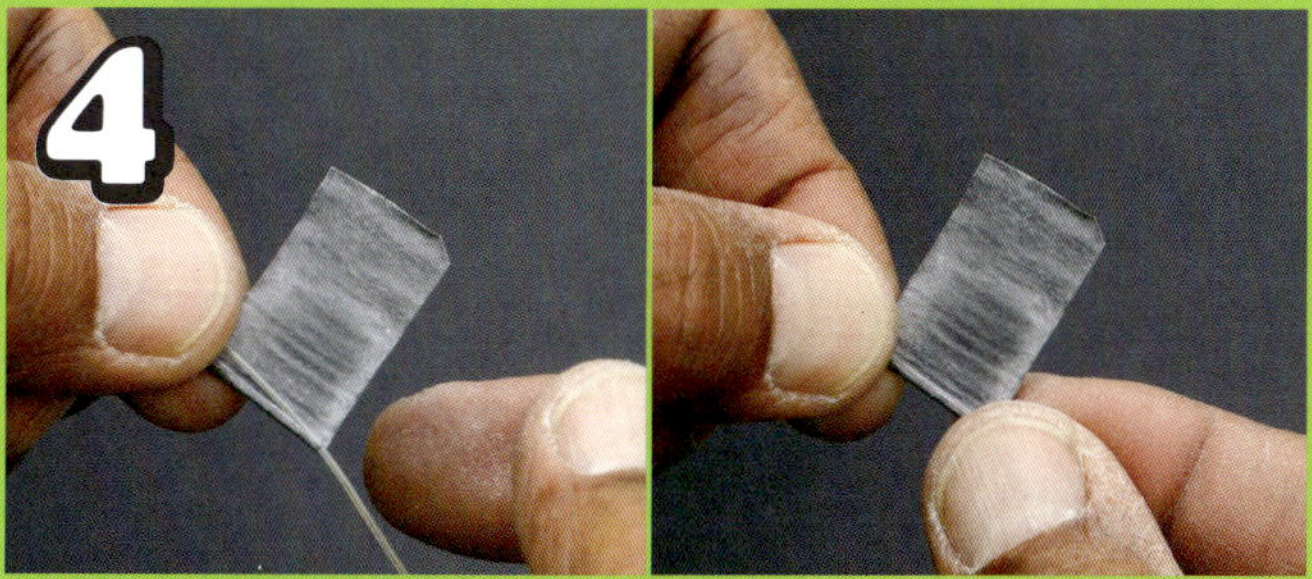

ウレタンチューブをはさんだらしっかり巻き込むように止めます。

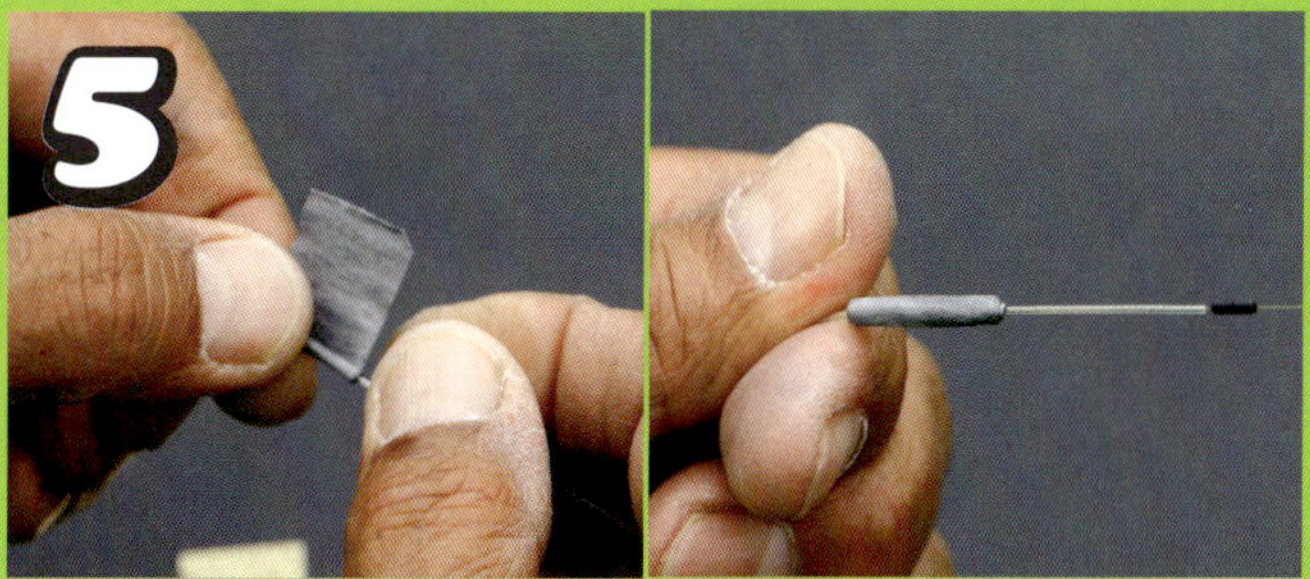

最初の数回は強めに巻き、あとはくるくると巻けばきれいに仕上がります。

ウキ釣りの魅力

ヘラブナ釣りは、ウキ釣りです。なぜウキ釣りかといえば、ウキがなければヘラブナがエサを吸い込んだ信号をキャッチすることができないからです。もし、ウキがなくてサオとイトだけの仕掛けの場合、ヘラブナがエサを吸い込んだ無数のアタリを知ることはできません。当然ですが、ウキを介することによって、見ることのできない水中の魚からの信号をキャッチすることができるのです。

釣りのウキには、海釣りから淡水の釣りまで、さまざまな種類が数多く存在します。なかでも、ヘラブナ釣り愛好者は、釣り方だけでなく、個人の感性や使い心地、見た目の完成度など、あらゆることにこだわります。また、この釣りに熱中してくると、うたた寝している時にヘラウキの映像が浮かんできて、そのうち見事なツンアタリが出て、ビクンと手が反応してしまう。ほとんどの愛好家が、そんな経験の持ち主です。また、自分好みのヘラウキを自作しようと思う釣り人も数多くいます。それだけヘラブナ釣りを形成するうえで、ヘラウキは重要な存在なのです。

なぜここまでウキにこだわるかといえば、ヘラブナ釣りはウキの動きがすべてだからです。水中のヘラブナの情報はウキからしか知ることができません。面白いことに、名手と呼ばれる人たちは、並んだ他人のウキの動きを見て、釣れる釣り方を見つけることができます。ウキの動きから見えない水中の世界を想像する。それこそが、ヘラブナ釣りの面白さの根幹。だからこそ、数多くのウキを必要とし、こだわりも生まれてくるのです。

実際の釣りにおいても、ウキを交換したらすごく釣れるようになるということは、かなりの頻度で起こります。そして、釣果だけでなく、自分のお気に入りで釣るという趣味的な楽しみもあります。こういう動きが好き、こんな動きで釣りたいなど、楽しみ方は人それぞれですが、それらすべてがウキの動き次第なのです。まさにウキ釣りであることこそ、ヘラブナ釣りの魅力そのものなのです。

ヘラブナ釣りはウキにこだわる釣りです。

Part.02

道具について学ぼう！

ヘラブナ釣りには多彩な道具があります。道具の役目を知ることで道具選びの基準明確になり、ムダのない釣りのシステムも見えてきます。

ヘラザオ

釣り味だけでなく、振り込みなどの操作も含めてヘラザオが担う役割は実に多彩。それだけ重要な道具といえます。

リーズナブルで高性能なシマノ『景仙桔梗』。入門者に最適なサオです。

ヘラブナ釣りは、サオの長さで釣るポイント（沖か手前、浅いか深いか）を変える釣りです。それは、サオの長さに合わせて仕掛けの長さを揃えているからです。そのため、ヘラザオは、多くの種類が販売されています。長さだけでも、1尺刻みで、6～30尺まであります。ただ、そのすべてを揃える必要はありません。管理釣り場への釣行であれば、8尺1本でも充分釣りをすることは可能です。まずは、8～10尺ぐらいのなかから1本購入するとよいでしょう。その後、釣りに慣れてきたら、少し長いサオを揃えると、釣り方の幅や釣行場所が広がるので、少しずつ増やしていきましょう。

　ヘラザオにはサオの特徴を決定づける調子があります。サオが曲がる支点を穂先寄りにした先調子、胴寄りにした胴調子、これに硬さを表現する硬式・軟式という要素が加わります。一般的には釣り味を求めるなら胴調子、大型魚との勝負には先調子が向いているとされてますが、魚のサイズや活性（引きの強弱）、個人の好みで使い分けています。最初の1本は扱いやすい硬式先調子がよいでしょう。

ヘラザオ各部の名称

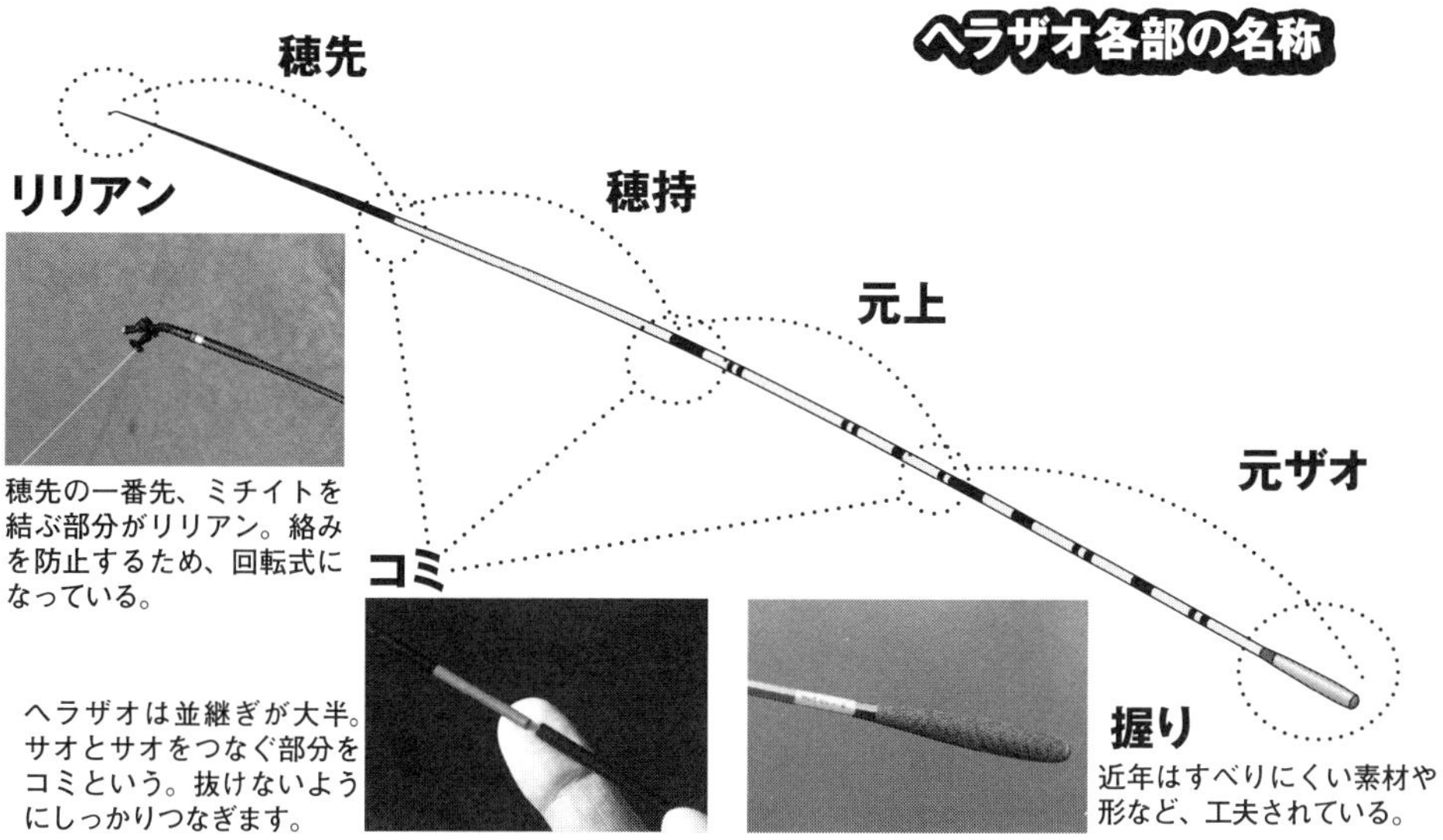

穂先の一番先、ミチイトを結ぶ部分がリリアン。絡みを防止するため、回転式になっている。

ヘラザオは並継ぎが大半。サオとサオをつなぐ部分をコミという。抜けないようにしっかりつなぎます。

近年はすべりにくい素材や形など、工夫されている。

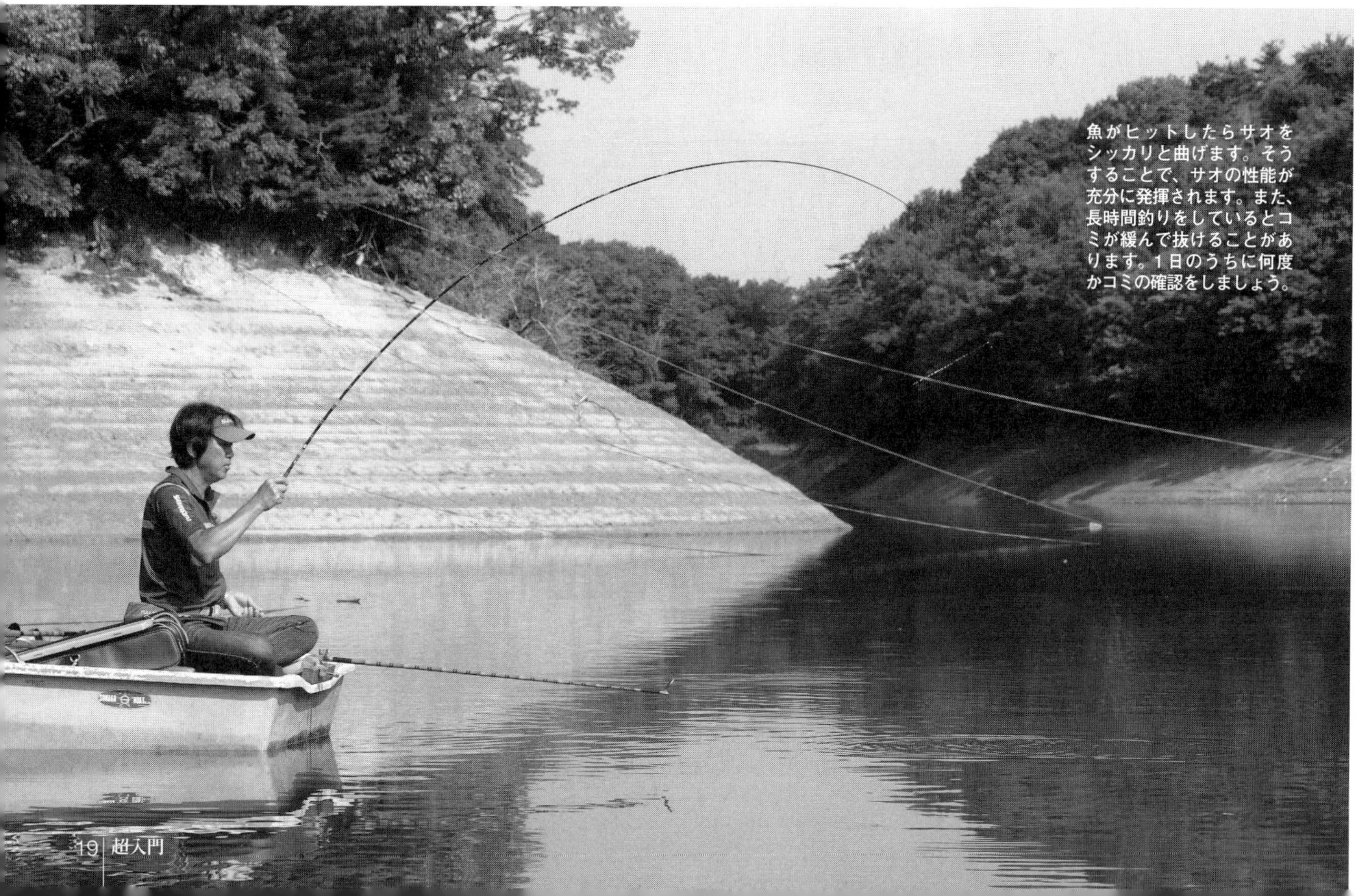

魚がヒットしたらサオをシッカリと曲げます。そうすることで、サオの性能が充分に発揮されます。また、長時間釣りをしているとコミが緩んで抜けることがあります。1日のうちに何度かコミの確認をしましょう。

ヘラウキ

ウキは、アタリを伝えてくれるだけではありません。水中のヘラブナの動きを想像するのは、すべてウキの動きからです。

ヘラブナ釣りはウキの動きを見て釣る釣りです。ヘラウキは繊細にできていて、水中にあるエサに反応した魚の動きを表現してくれます。エサを食った合図であるアタリ、寄ってきた合図であるサワリなどを見極めて釣ります。このウキの動きを読んで釣るのが、ヘラブナ釣りの醍醐味でもあります。

　ヘラウキは大まかに3つの部分からできています。上から赤や黄色などの色が付いた細長い部分をトップ、次に全体の中で一番太い真ん中の部分をボディー、その下の部分を足と呼びます。

　各部分には素材の違いがあります。ボディーは羽根（クジャク）やカヤが主流です。脚は竹脚やカーボン脚があります。トップにはパイプとムク（PC／グラス）があります。エサをタナに入れて確実に釣ることができるのがパイプで、こちらが一般的です。活性があり、エサが止められすぎる時や、厳寒期でサワリやアタリが小さい時などがムクの出番です。

　さまざまな種類があるヘラウキですが、釣り方によって使い分けます。釣り方を大まかに3つに分けると、浅ダナ釣り、チョウチン釣り、底釣りとなります。それぞれの違いは水深です。ねらう水深が浅ければ小さめ、深ければ大きめが基本となります。目安としては、浅ダナ＝ボディー5～7㎝、チョウチン釣り＝ボディー10～15㎝、底釣り＝細めのボディー12～17㎝となります。

ヘラウキ各部の名称

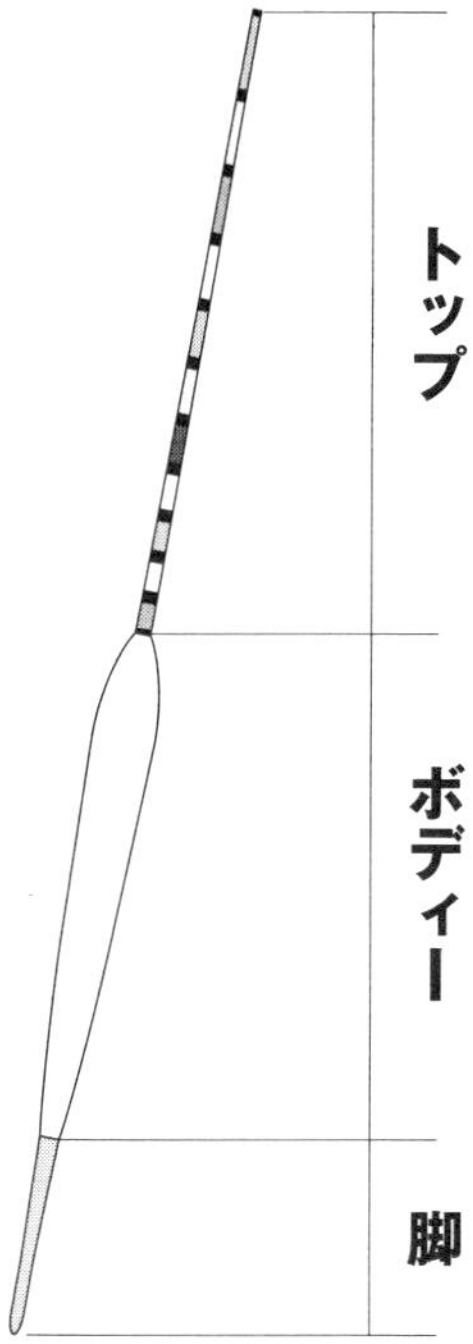

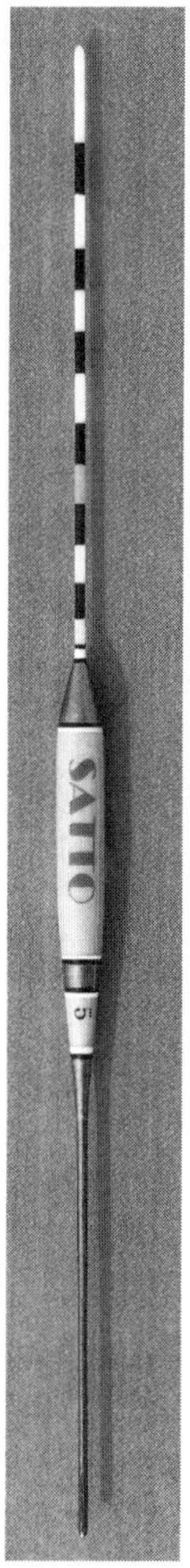

浅ダナタイプ 小型ボディーでオモリ負荷量が少ない。

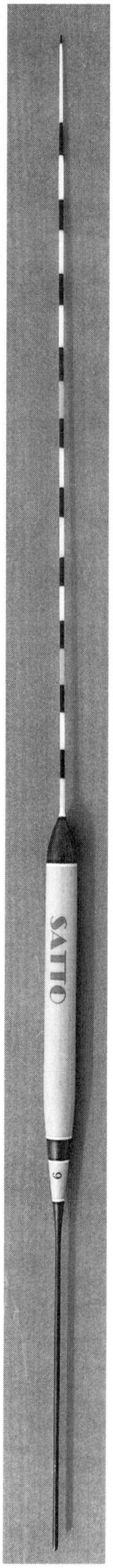

チョウチン釣りタイプ 太身のボディーでオモリ負荷量が多い。

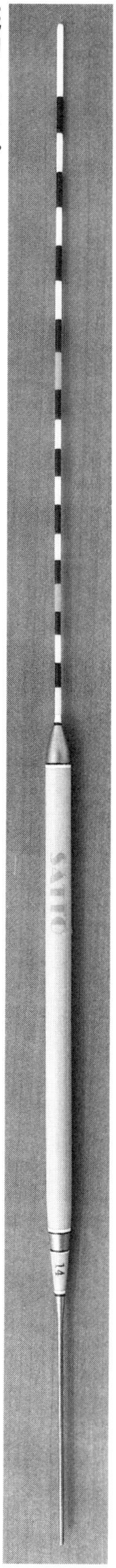

底釣りタイプ 細身のボディーで戻しの動きが出やすい。

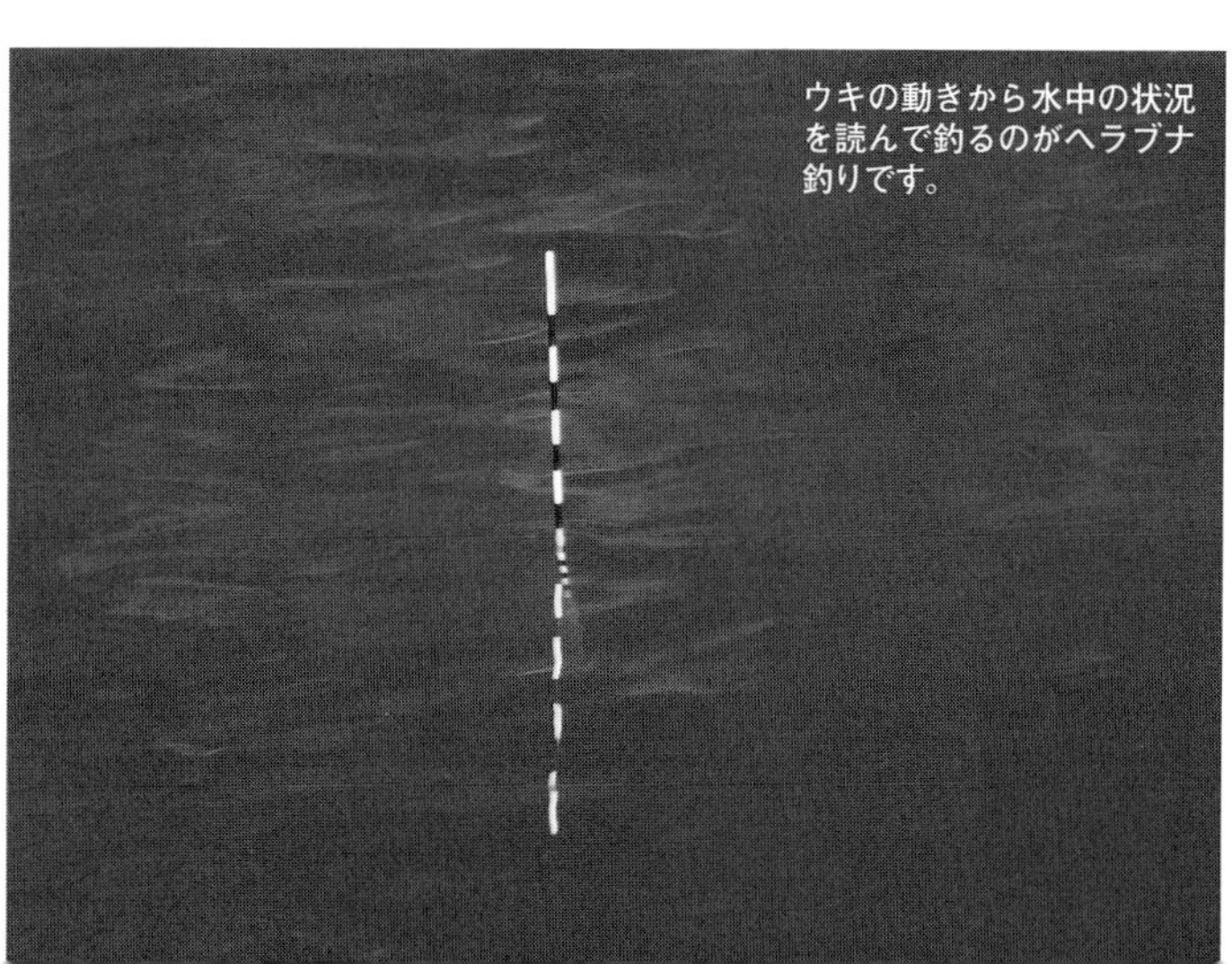

ウキの動きから水中の状況を読んで釣るのがヘラブナ釣りです。

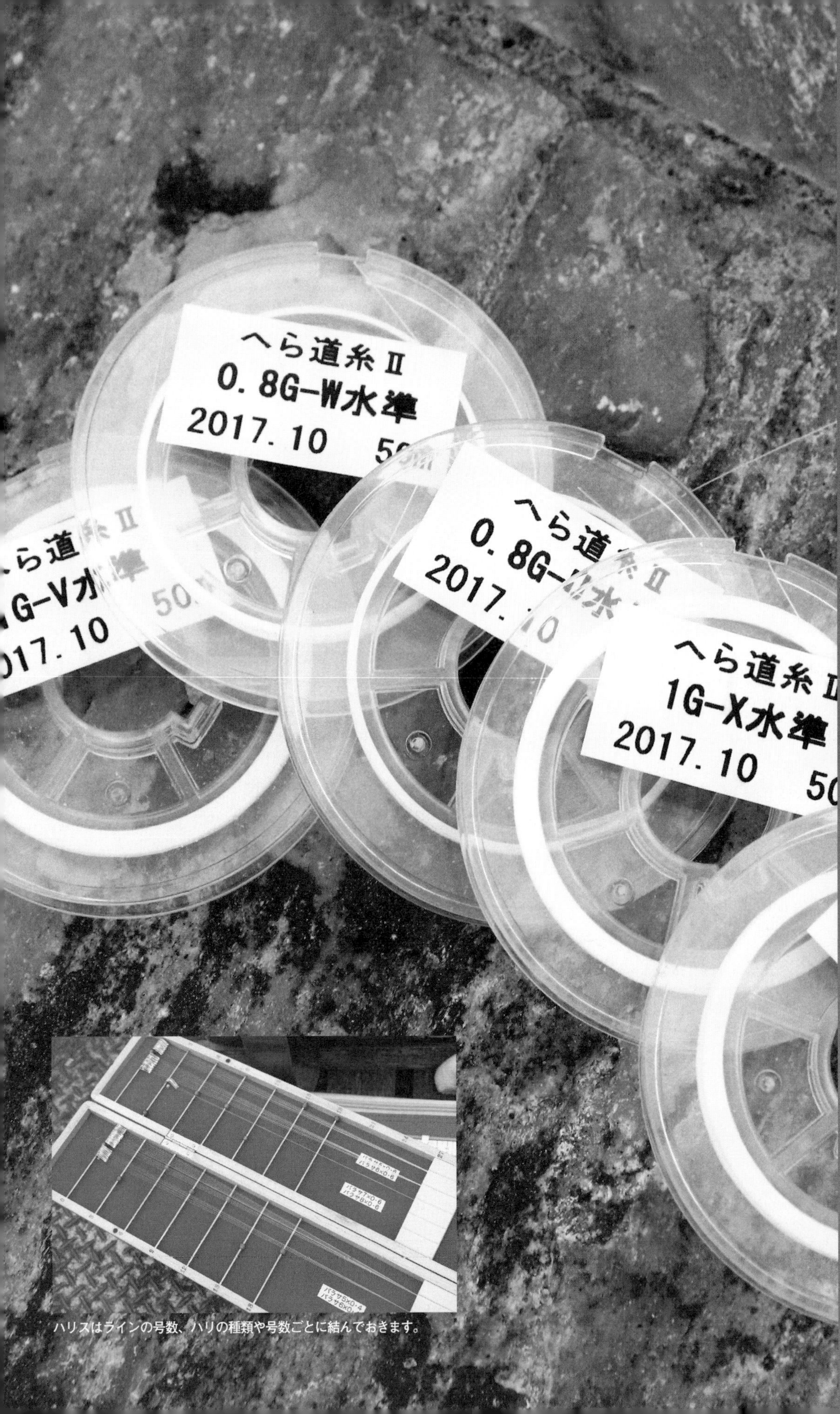

ライン

ミチイトは視認性の高いものが使いやすいです。また、ミチイト、ハリスともにラインの張りを選択基準にしましょう。

ハリスはラインの号数、ハリの種類や号数ごとに結んでおきます。

へラブナ釣りはラインをよく使う釣りといわれます。仕掛けの根幹をなすミチイトは、サオごとに作りますし、傷が付いたら作り替えたりもします。また、ハリを結ぶハリスも数多く用意します。ハリの種類や号数別に何十本も結びます。それだけ多くのラインを使うへラブナ釣りですので、各社から多彩な特性のラインが販売されています。ここでは、どのようなラインを選べばよいか解説します。

●ミチイト

現在販売されているラインは、技術の進歩により伸び縮みが少なく、傷も付きにくく丈夫なのが当たり前です。どんなラインを使っても釣果に差が出るほどではありませんが、視認性の高いラインが使いやすいです。魚がヒットした時、ラインの走る方向でへラブナの動きを追うからです。この時にラインが見えないと、どちらに魚が走っているか分かりにくいので、この視認性は重要です。

もうひとつ重視したいのは、ラインの張りです。へラブナ釣りでは、繊細さが求められることからしなやかなラインが好まれてきました。しかし、今の釣り場の現状は大型志向。へラブナのサイズも大きくなり、それだけラインへの負担も大きくなります。ですから、盛期の管理釣り場では張りの強いラインを選ぶとよいでしょう。逆に、活性の低い冬は、しなやかなラインで繊細に釣りを楽しむようにします。

また、底釣りやチョウチン釣りでは、伸びの少ないフロロカーボンラインを使うこともオススメです。

●ハリス

ミチイトと同じように、現在販売されているラインは品質的に充分なものばかりです。そしてミチイト同様、張りのあるタイプとしなやかなタイプがあります。活性によって使い分けるのはミチイトと同じですが、ハリスの張り＝伝達力のアップになります。アタリの動きが伝わりにくい底釣りなどでは、張りのあるタイプを使うとアタリ数が増えるのでオススメです。

ミチイト

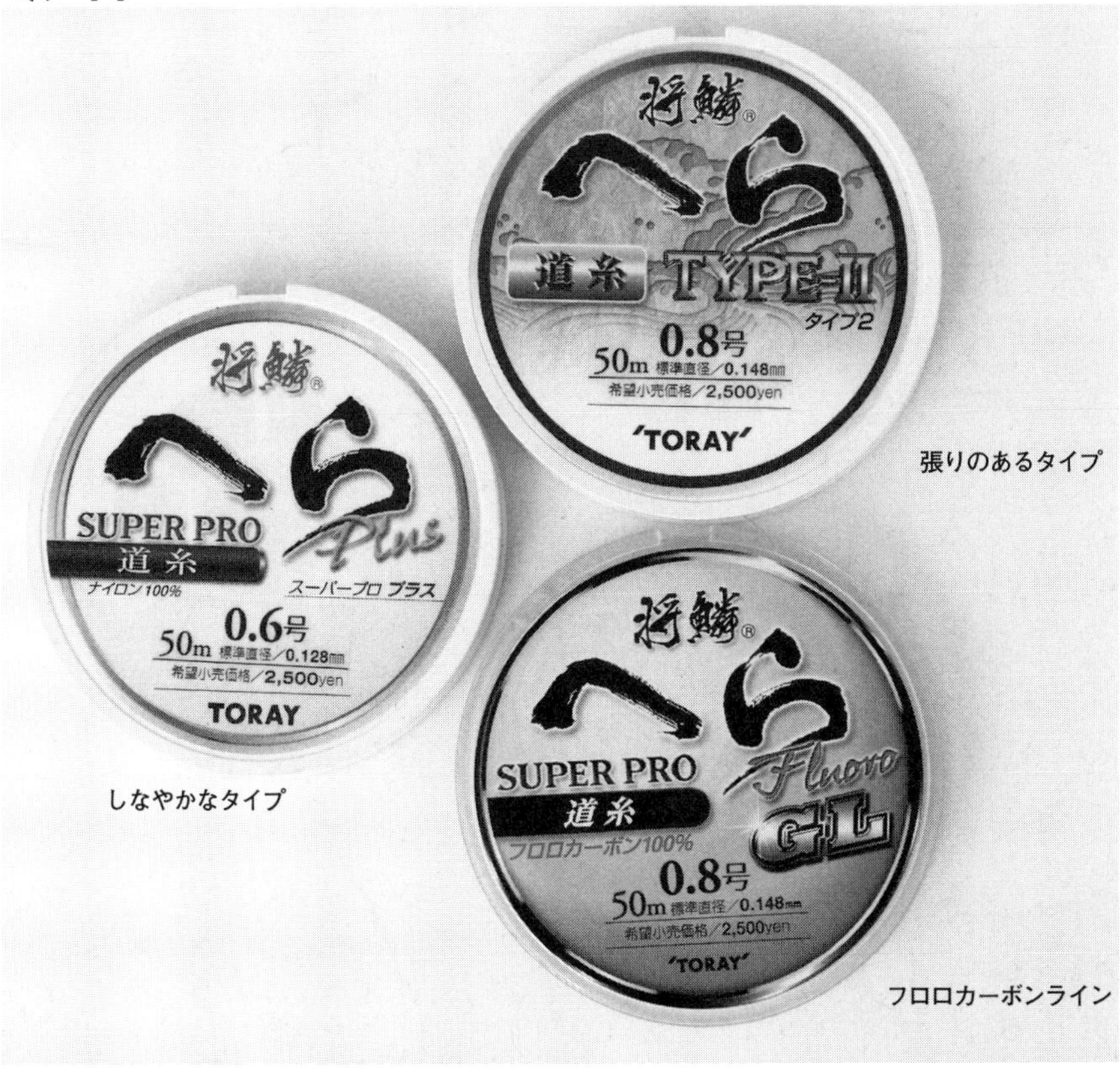

張りのあるタイプ

しなやかなタイプ

フロロカーボンライン

ハリス

張りのあるタイプ

しなやかなタイプ

ハリ

両ダンゴでは、ハリの大きさを変えることで、エサ持ちがアップします。また、セット釣りではクワセのハリの重さがアタリ数に影響します。

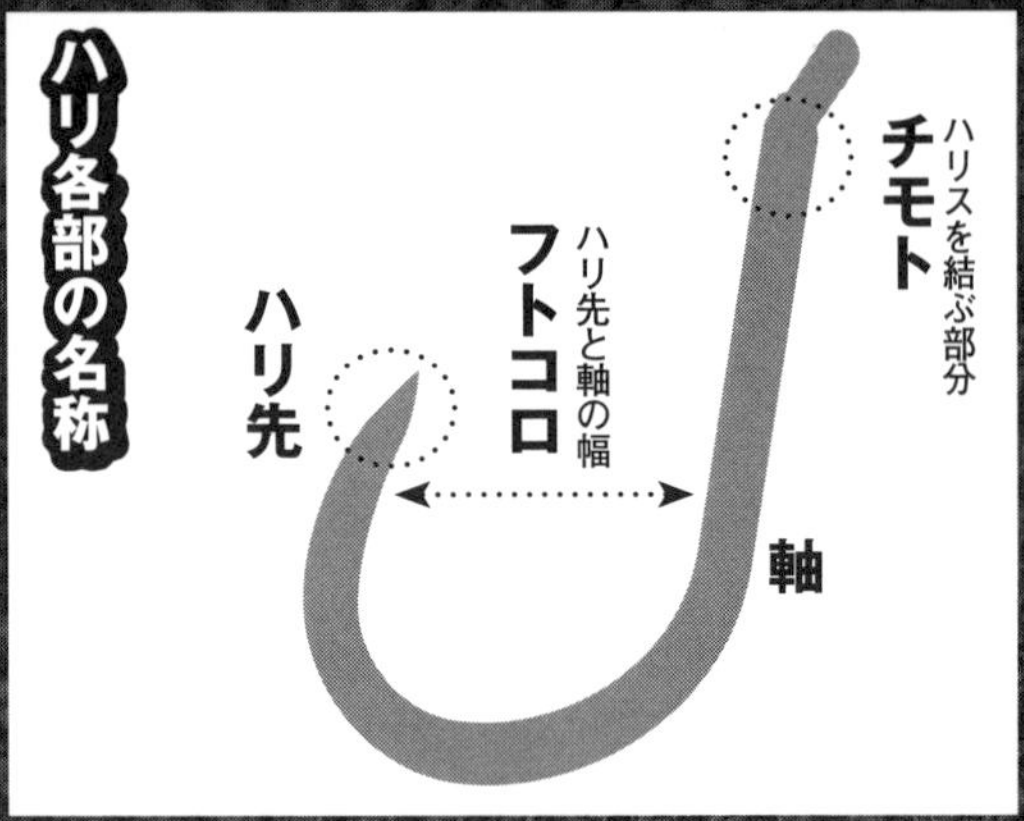

ハリ各部の名称
チモト
ハリスを結ぶ部分
フトコロ
ハリ先と軸の幅
ハリ先
軸

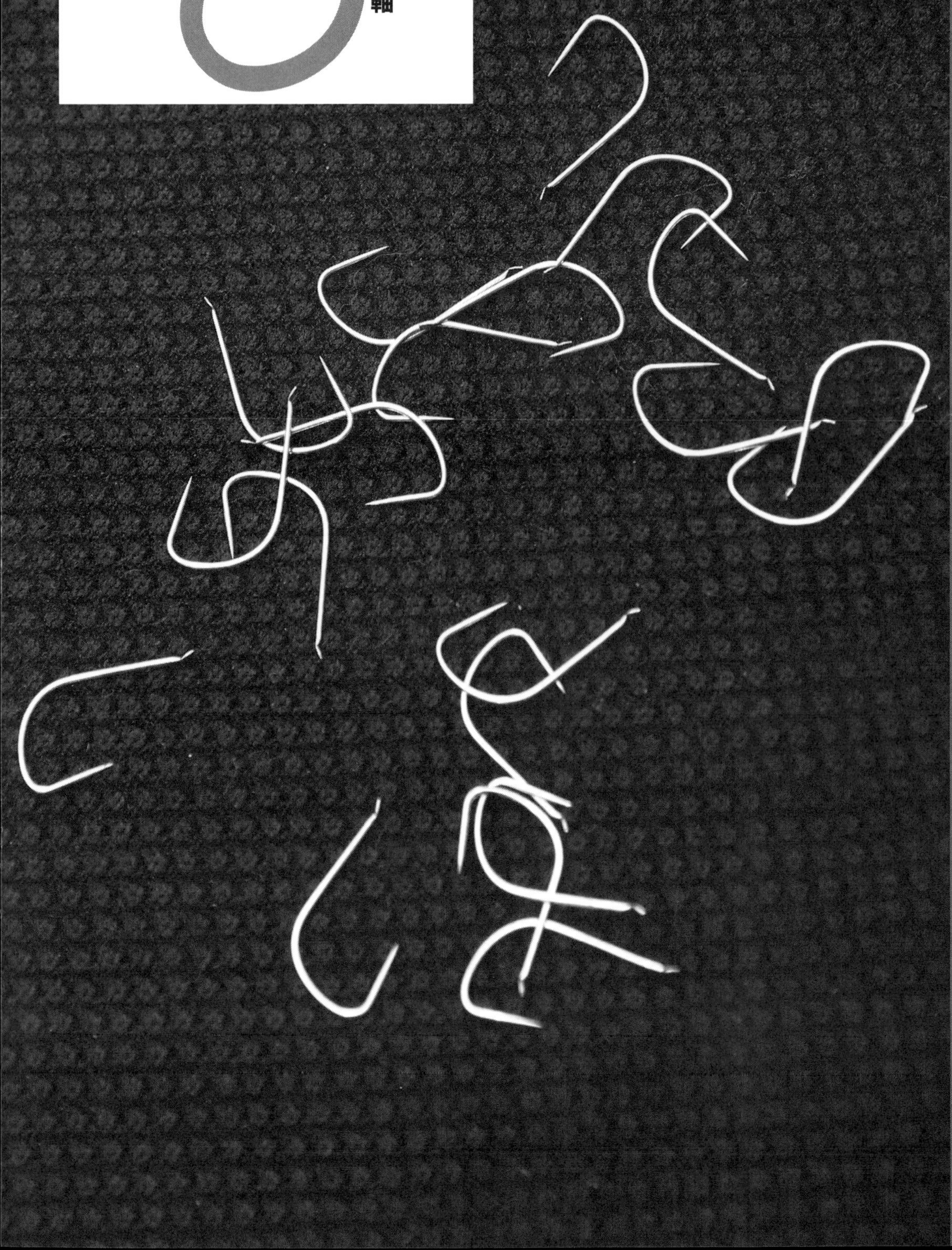

ヘラブナ釣りのハリは、その種類・サイズともかなりの数が市販されています。つまり、それだけハリにこだわることが釣果に結び付くことに他なりません。ハリの役割は魚を掛けることですが、スレ取り禁止のヘラブナ釣りにおいては、口に掛けることが最大の目的になります。それだけ、ハリの役割は大きいのです。

　ヘラブナ釣りで使うハリは、大まかにいうと、角張ってやや小ぶりでハリ掛かりのよい関スレタイプと、フトコロが広く全体に曲線がかったヤラズタイプに分けられます。一般的には、関スレタイプがクワセ用、ヤラズタイプがダンゴ用といわれますが、今はオールラウンドに使えるタイプが数多く販売されていますので、まずは、オールラウンドタイプを号数の違いで使い分けるとよいでしょう。

　ダンゴエサやバラケエサを使う時に一番気にするのがエサ持ちです。もちろん、エサを練るなどして持たせる方法もありますが、エサを練りすぎるとアタリが減ってしまう時などは、ハリの助けが必要になります。ハリのサイズを大きくすれば、その分エサが持ちますので、エサは変えずにエサ持ちだけよくすることができるのです。

　また、ウドンセットのクワセ用に使う場合、クワセエサの落下スピードがポイントになります。渋くなればなるほど、落下スピードを遅くします。この時は、使うハリの重さを気にしてください。渋くてアタリが出にくい時は軽いハリにすると、アタリ数が増えることが多いのです。近年、この重さの使い分けはトーナメンターを中心にかなり注目されています。

　ハリを替えるだけで釣況がガラリと変わることもあります。ヘラブナ釣りにとって、ハリはそれだけ重要な存在といえるのです。

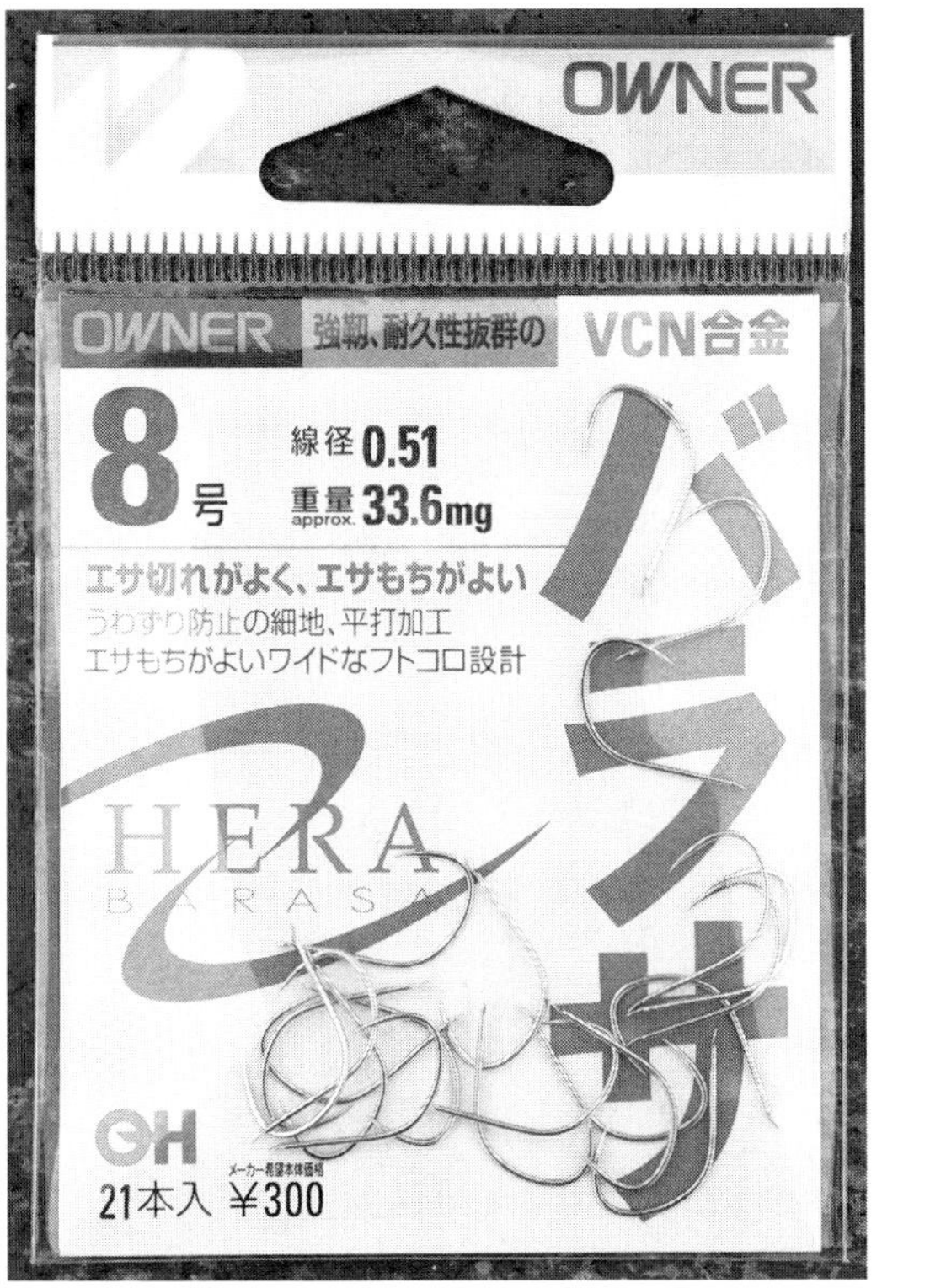

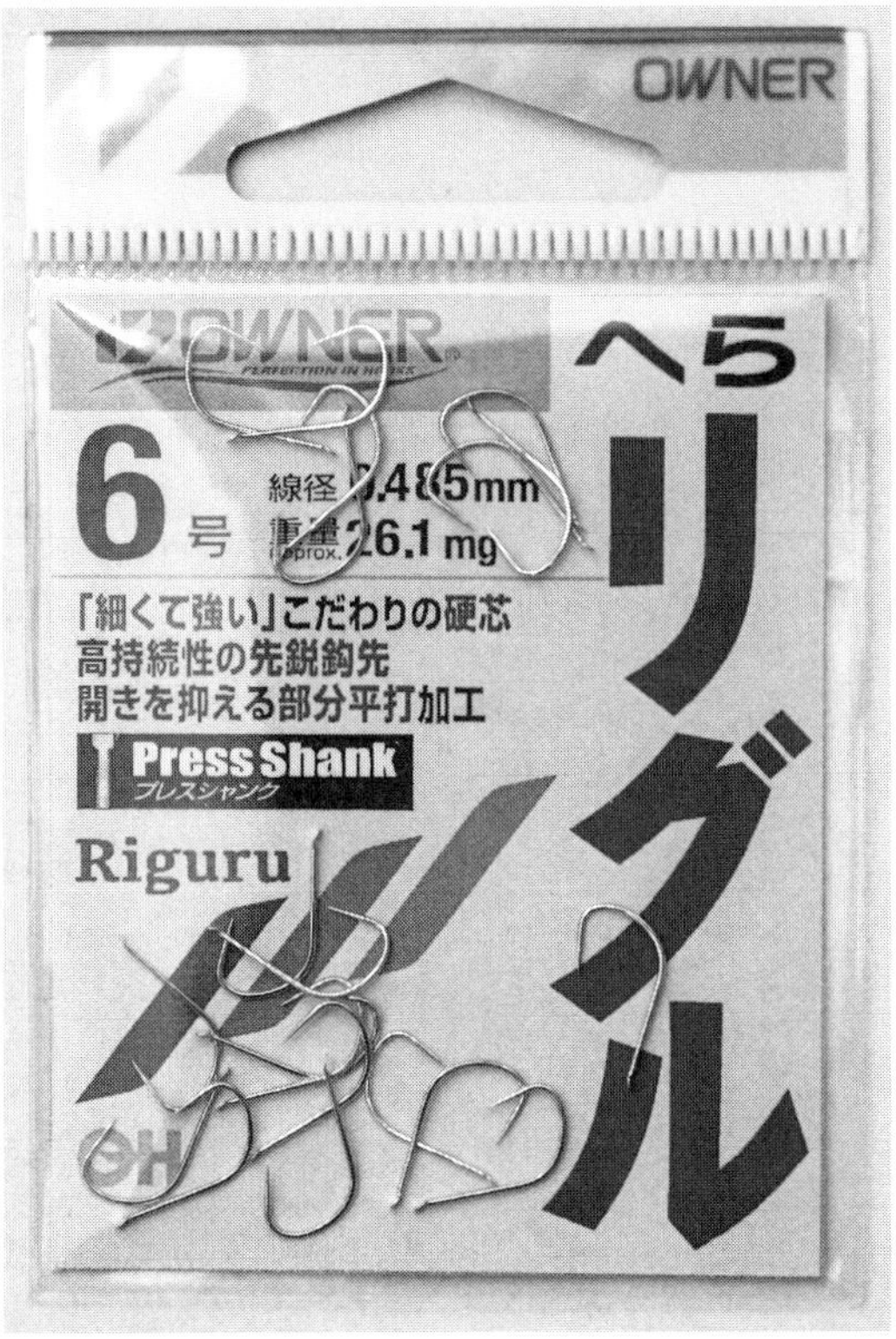

オールラウンドに使えるハリの代表的なもの。ヤラズタイプの『バラサ』と関スレタイプの『リグル』

ハリス付きで売っている便利なアイテムもあります。

エサ

水中でバラケながらもハリにエサが残る練りエサを使うのが、ヘラブナ釣りの基本スタイルです。

魅エサの代名詞『バラケマッハ』は、両ダンゴでも、セット釣りのバラケエサにも使えるロングセラー製品。必ずブレンドするという人もいるぐらい多くの釣り人に愛用されている。

ヘラブナ釣りのエサは釣り方によっていくつか種類があります。麩などを細かく砕いて、ペレットやグルテン、添加物などを混ぜ合わせた麩エサ。グルテンにマッシュポテトを混ぜたグルテンエサ。ウドンなどの固形物といわれるクワセエサ。これらが、一般的によく使われます。

ヘラブナは、水中に漂う植物性プランクトンを主食にしています。この食性を利用して、水中でバラけた粒子に寄ってきたヘラブナがハリに付いたエサの本体に食いつく……という仕組みです。ですから、麩エサにしろ、グルテンエサにしろ、水中でバラけながらもハリにエサが残る〝練りエサ〟と呼ばれるヘラブナ釣り独特のスタイルが生まれたのです。このことからも、ヘラブナ釣りのエサの大前提は「水中でバラけること」と「ハリに残ること」この2つの要素を必要とするのです。

このバラける要素と持つ要素を状況に応じて使い分けるために、エサを混ぜ合わせることを「ブレンド」といいます。エサの性質には、重い、軽い、粘る、バラけるという4つの要素があります。この4つの要素をどう組み合わせてエサをブレンドするかが、ヘラブナ釣りの面白さです。エサが合えば爆釣、逆に合わないとウキが動かなかったり、動くだけで全然エサを食ってくれなかったりします。ですから、いかに正解エサを見つけられるかが、釣果の決め手となるのです。

現在の情報化社会では、名手のブレンドなど、必要な情報はすぐ手に入ります。まずは、それをマネすることから始めましょう。

宙釣りのダンゴエサ

一般的には、両ダンゴ釣りで使用します。ヘラブナの活性が高い、晩春〜晩秋にかけて出番が多くなります。両ダンゴとは、2本のハリに同じダンゴエサを付けて釣る釣り方で、このダンゴエサを直接食わせるので、ハリにエサがしっかり付いていなければ、アタリが出ません。そのため、エサが持ちやすい粘りの要素を強調した性質があります。作ったエサを練ったりして粘りと硬さを調整して使います。

2本のハリに同じダンゴエサを付けて釣る両ダンゴ釣りで使用。

宙釣りのバラケエサ

ヘラブナの活性が低くなる晩秋以降、翌春ぐらいまで、混雑などで食いが渋い時には、セット釣りと呼ぶバラケとクワセを使った釣り方がメインになります。上バリに魚を寄せるバラケエサ、下バリに魚が食うクワセエサを付けます。バラケエサは両ダンゴと同じような麩エサですが、魚を寄せることを目的としているので、麩の粒子が粗めでバラケ性を強調しています。また、ペレットの粒なども配合され、アピール力にも優れています。極端に練り込んだりせず、ボソッとしたタッチで使用します。

練り込んだりせず、ボソッとしたタッチを生かす。

グルテンエサ

グルテンエサは、グルテンとフレーク状のマッシュポテトをブレンドした白いエサで、秋の新ベラ放流時期以降、春先まで出番が多くなります。両グルテンやセット釣りのクワセエサとして使用します。麩エサにくらべて寄せる効果は弱いのですが、軽くてふくらみがよいのでヘラブナがエサを吸い込みやすいメリットがあります。グルテンエサは、水分量で仕上がりに大きな差が出ますので、粉と水をきっちり測って作るのがコツです。また、手直しがしにくいエサですので、粘りすぎたり、アタリが出なくなった時は、エサを作り替えます。

グルテンエサの特徴は、軽くてふくらみがよいこと。

ウドン系クワセエサ

セット釣りのクワセエサとして広く使われているのがウドンエサです。セット釣りとは、バラけた麩の粒子とクワセエサを同調させてヘラブナに吸い込ませる釣り方です。ですから、バラけた粒子と同じように見せるため小さくて軽いのが特徴です。浅ダナでもチョウチンでも、段差の底釣りでも使用できます。重さや色が違うものや、『力玉』のようなできあいのものや、釣り場で作れるインスタントウドンなど種類も豊富です。

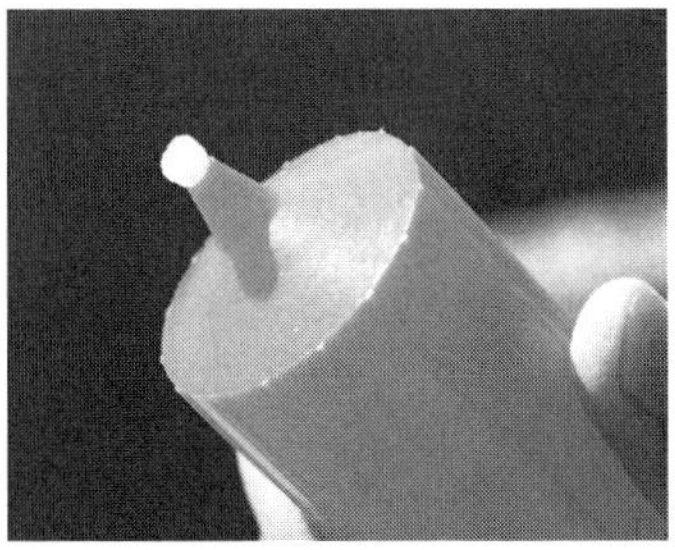

『感嘆』などのインスタントウドンはオカユポンプに詰めて押し出して使う。

底釣りのダンゴエサ

エサを底に付けて釣る底釣り用のエサです。魚を底に寄せて釣る、あるいは底付近にいる魚を釣るので、底に届くまでにエサがなくならないよう、重さがあってほとんどバラけないのが特徴です。イメージとしては底に着いてからふくらむ程度のエサです。両ダンゴの底釣りほか、グルテンセットの底釣りでバラケエサに使用します。

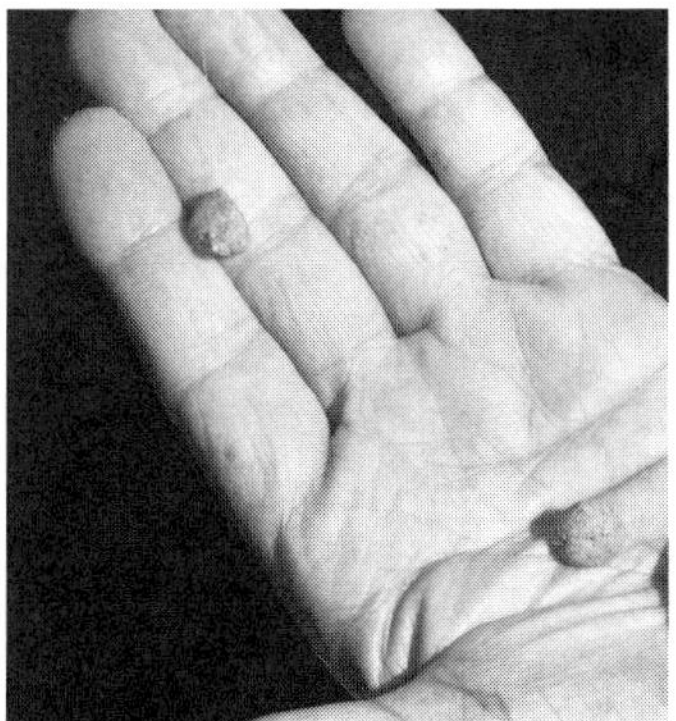

ハリが隠れるぐらいの大きさで使用。

小物・便利グッズ

サオ、ウキ、ライン、ハリ、エサ、ヘラブナ釣りのメインタックル以外に、必携となる小物や便利グッズがあります。それらは快適に釣りをするために欠かせない便利なものばかりです。

ヘラバッグ ヘラロッドケース サブバッグ

ヘラバッグには、エサボウル、万力、小物ポーチなどを入れます。ロッドケースには、サオ、サオ掛け・玉の柄はもちろんですが、ハリスケースやウキケースなども収納します。エサはヘラバッグに入れてもよいですが、エサ専用にサブバッグを利用したほうが便利です。

エサボウル 軽量カップ グルテンボウル

エサを作るための道具です。麸エサは大きめのエサボウル、グルテンエサは、小さめのグルテンボウルを使用します。グルテンボウルは、使い終わったあと、コーティングがしてあるのでエサがとれやすくなっています。軽量カップは、エサと水を正確に計るためにも必ず使用します。

ハリスケース ウキケース

何種類ものハリを用意するので、専用のハリスケースにストックしておきます。繊細なウキの破損などを防ぐため、専用のケースに収納します。どちらも持ち運びを考えると、専用ケースは必携といえます。

ハサミ

ハリスの交換、オモリの調整など使用頻度が高いハサミは、小ぶりなものが使いやすいです。また、落としたりしやすいので、スパイラルロープなどでロッドケースなどとつないでおきます。

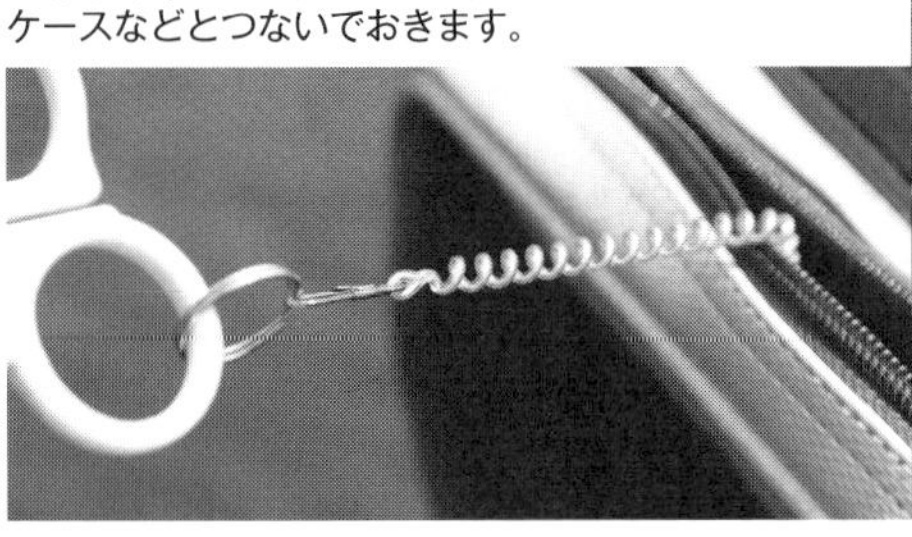

ハリスメジャー

ハリスの長さを正確に測るための道具です。ハリス交換を頻繁に行なうヘラブナ釣りでは必携です。

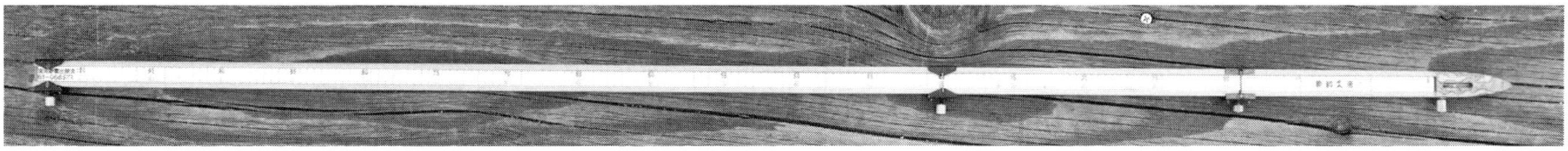

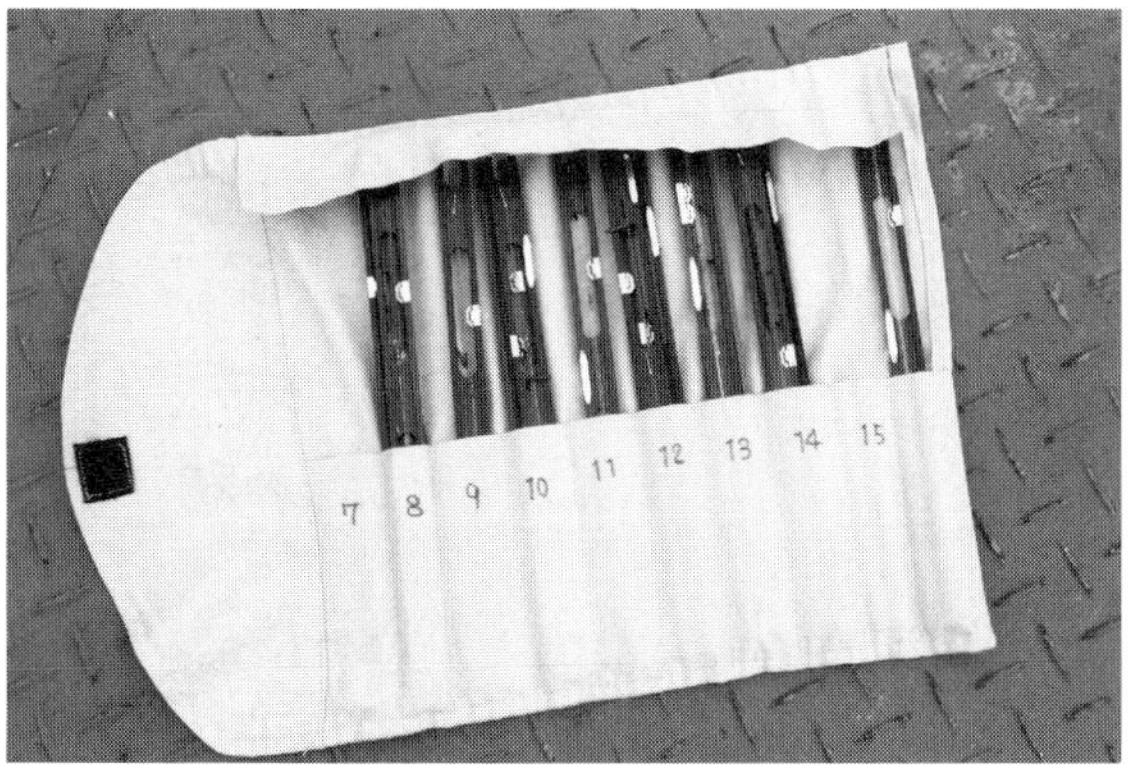

仕掛け巻き・仕掛け入れ

仕掛けは釣り場で作るのではなく、事前に用意しておきましょう。サオ袋に直巻きしてもよいですが、専用の仕掛け巻き、仕掛け入れに収納するほうが、仕掛けが傷付いたりしなくてすみます。

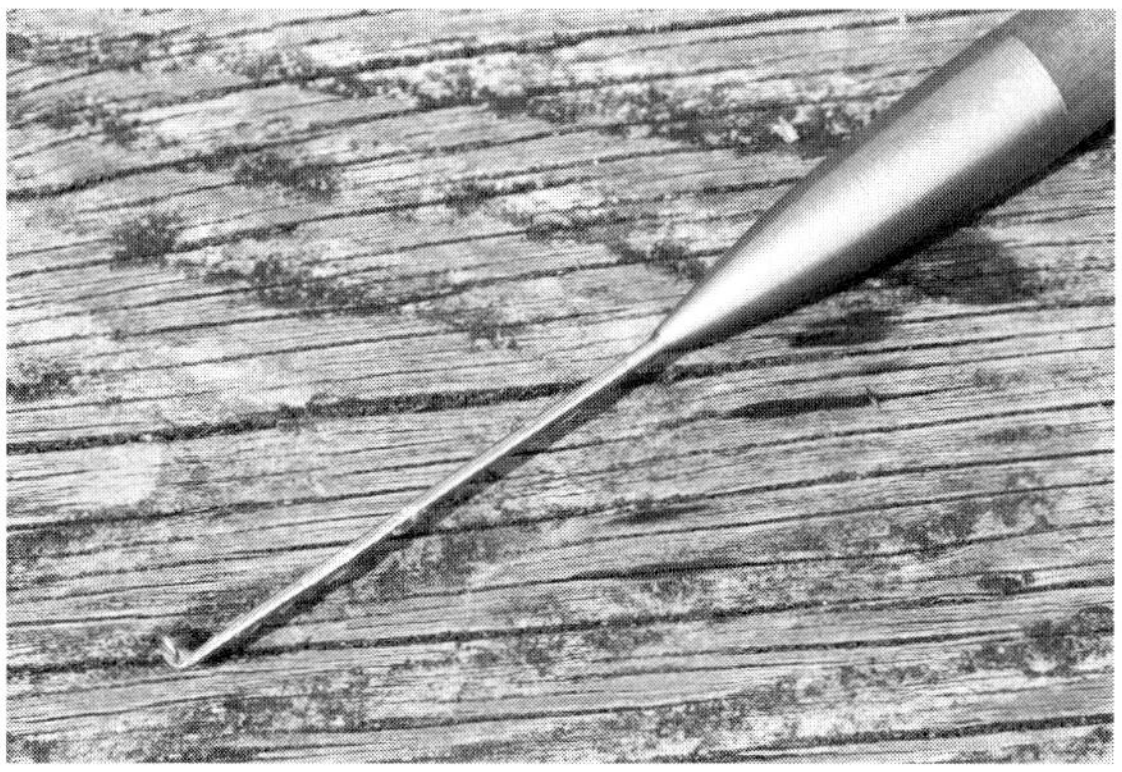

ハリ外し

ヘラブナからハリを外す時、指でハリをつまんで外しますが、外しにくいところに掛かったり、飲まれた時は、ハリ外しを使うと便利です。

パラソル

雨天時に差すことはもちろんですが、夏の炎天下では日傘として使用します。太陽を浴び続けるとかなり疲労しますし、熱中症対策にもなります。UV カット加工されたものもあります。

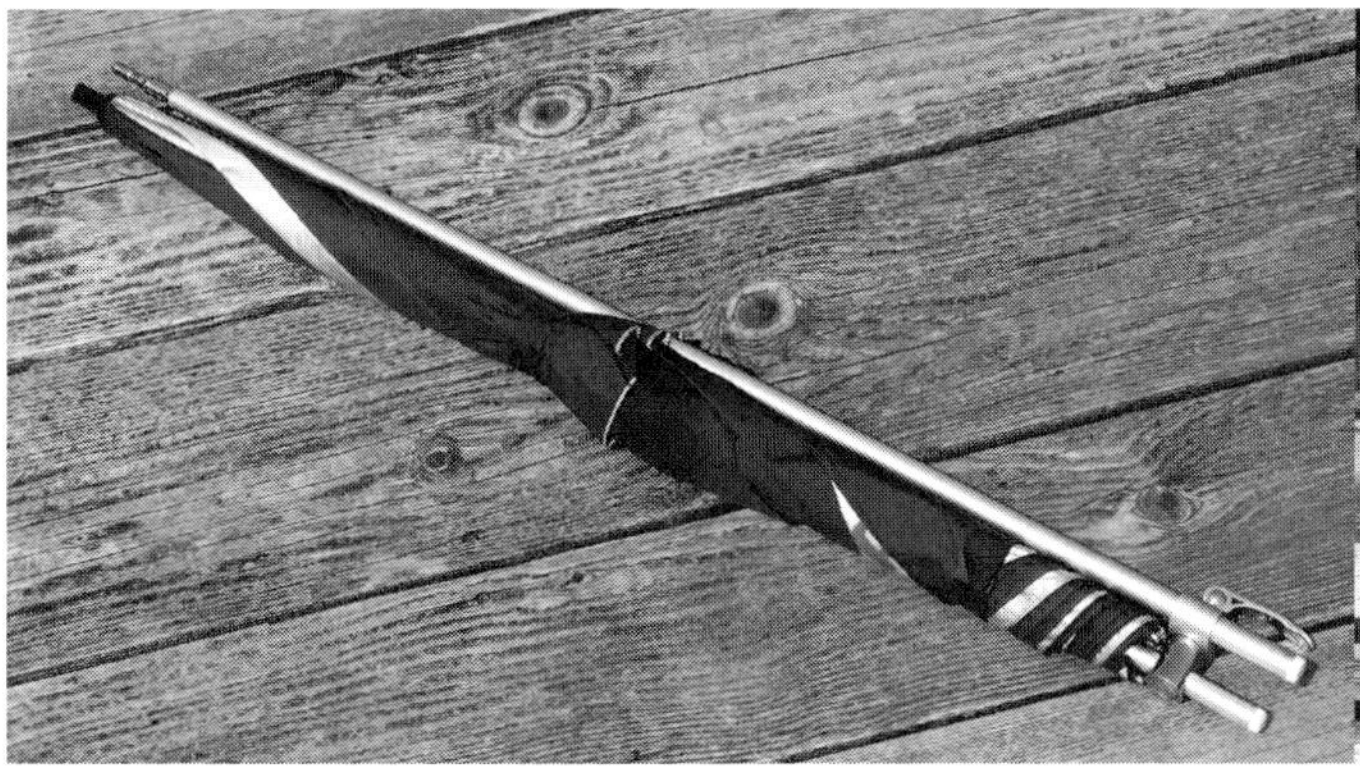

シート

雨天時に道具が濡れるのを防ぐマルチシートは、重さがあるので、飛ばされにくくなっています。

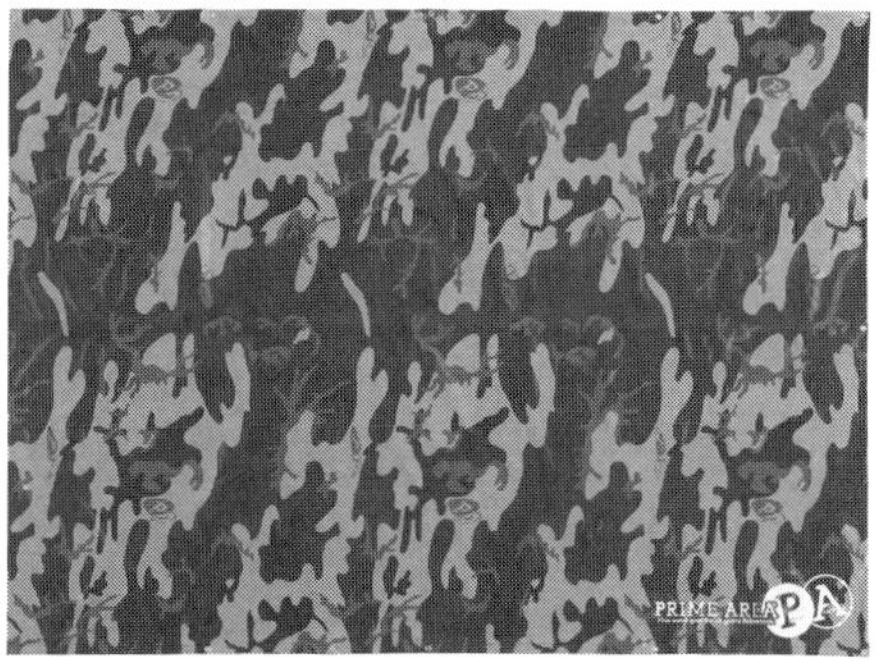

お膳・玉置

小物類を置けるお膳、魚をすくった玉網を置く玉置（ハリを外す時に楽ちん）は、あると便利な道具です。余裕があったら購入しましょう。

釣り会は釣りの幅を大きく広げてくれる

ひとりの力では上達できないから仲間と情報交換！

ヘラブナ釣り界には、釣り会が数多く存在します。釣技を競うことを目的とした大きな会から、仲間内で楽しむこぢんまりした会まで大小さまざまです。通常は、月1回、決まった週の曜日（たとえば、伊藤さんが主宰するアイファークラブは第1日曜日）に月例会を行ないます。そして、この月例会を略して「例会」と呼びます。

例会は、朝から納竿時間までの1日で釣果を決定（途中休憩を設けている会もあり）。1日の釣果で順位を決め、それを年間成績で争います。年間成績は、総重量であったり、ポイント制であったりと会によって違いますが、年間優勝を目指して釣技を磨くというのが、例会の基本姿勢です。

例会を通じて真剣に釣りに取り組むことは、釣り技術の向上につながります。遊びの釣りでは、釣れても釣れなくても気になりませんし、自分の好きなスタイルで楽しむこともできます。しかし、釣果を競うとなれば、やはり誰もが少しでも多く釣りたいものです。そのためには、釣りの研究も必要ですし、例会日前に試釣（プラクティス）することも大切です。こうして釣ることに真剣に取り組んでいけば、自然と釣りは上手くなるでしょう。

それでもひとりでは限界があります。ヘラブナ釣りは正解がひとつではない釣りといわれます。違った釣り方やアプローチで釣る人が、何人も出てきます。ですから、他人の釣りから学ぶことが多いのです。会友はライバルでもありますが、仲間でもありますので、情報を聞くこともできます。釣れている仲間に、エサやタックルのセッティングを聞くこともできますし、釣り方のコツを教わることもできます。また、会を束ねる会長さんは、メーカーのインストラクターであったり、釣り技術に秀でた方が多くいますし、色々な情報を持っていることもあるので、その場の釣り方だけでなく、釣れている釣り場の情報など、直接例会には関係ない話も聞くことができます。

さらに例会は、月ごとに多用な釣り場で行ないますので、普段は行かない釣り場にも行けることになります。こうしてみると、釣り仲間が増えたり、情報交換ができたりと、自分の釣りの幅を広げてくれるツールとして例会というものが大きな存在意義を持ってくるのです。

Part.03

実釣前の基礎知識

実釣の前に知っておかなければならない釣るための基礎知識があります。これを知らないと釣りが始まりませんので、しっかりと覚えましょう。

釣り座設定

モデルケースの釣り場は埼玉県さいたま市にある「武蔵の池」。ヘラブナ釣りでは、管理釣り場と呼ばれる、ヘラブナが放流された施設が存在している。平たくいえば、釣り堀の大型版といったところ。この武蔵の池に釣行する設定で、釣り座に着くまでの流れを追ってみましょう。

①受付

駐車場から道具を担いで事務所に向かい、ここで釣り料金を支払います。池の状況、釣り方の傾向など、分からないことがあれば、この時に聞いてみましょう。また、受付をしないで釣り座にて料金を徴収（たとえば「管理釣り場 将監」など）という釣り場もあります。ちなみに、ヘラブナ釣りの管理釣り場の料金は、1日2000円前後。大の大人が1日遊ぶには安い設定になっている。

②釣り座を決める

武蔵の池を例にすると、池を囲むように岸からサオをだせる場所（北桟橋、南桟橋、西桟橋）と、池の中央に桟橋（中央桟橋）があり、そこからもサオがだせます（イラスト参照）。武蔵の池では中央桟橋には魚の重量を量れる自動検量器が設置されて

武蔵の池略図

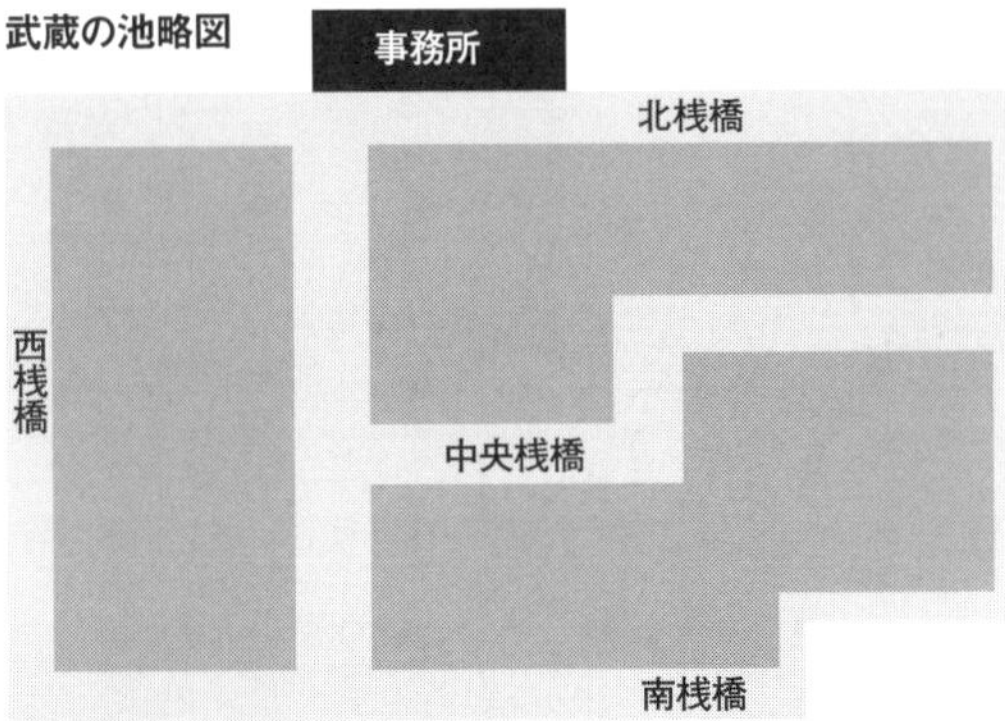

事務所
北桟橋
西桟橋
中央桟橋
南桟橋

武蔵の池では、釣り座に行く前に事務所で受付をして釣り料金を支払う。

武蔵の池

●営業時間
4～9月／平日6:15～16:00、土曜6:00～16:00、日祝5:30～15:30
3月・10月／平日6:30～15:30、土日祝6:00～15:30
11～2月／平日、土曜6:15～15:30、日祝6:15～15:00
●料金
11～3月／平日1日2,000円・半日1,500円、土日祝1日2,500円・半日1,800円
4～10月／平日1日1,500円、土日祝1日2,000円
女性1日1,500円、中学生以下1日1,000円（通年）
●定休日／11～3月無休、4～10月毎週水曜日
●規定／サオ＝7～18尺（一部の釣り座は16尺まで）、タナ＝第1オモリ上部よりウキ止めゴムまで1m以上、西桟橋に限り4～10月までタナ自由（サオ10尺まで）
●その他／AUTOTO自動検量器118台中央桟橋に設置、食事あり
●住所／さいたま市西区指扇領辻36
●電話／048-624-9667

伊藤さんは、小物を入れたポーチをすぐに使えるよう、サオケースの脇に置いておく。

小物ポーチ
エサボウル
エサバッグ
ヘラバッグ
サオケース

ヘラバッグ、サオケース、エサバッグは、機能的にできている。セットで揃えるとよいだろう。

右利きの伊藤さんは、自分の中心よりやや右側に万力をセットする。

います。魚を釣るたびに重さを測り、1日の重量が分かるので面白いです。

撮影時期の3月は北からの風が吹くことが多いので、伊藤さんは北からの風を背にできる北桟橋に入りました。釣りをする際に、風の影響はかなりでます。できるかぎり、背中から風を受ける場所に入るのが好ましいでしょう。たとえば、自動検量器のある中央桟橋に入るとしても、風を背にできる南向きがおすすめとなります。また、多くの釣り人が同じように考えるので、片側だけに偏って人が入る傾向の釣り場も多いです。そんな釣り場では、日頃から片方だけにエサを打っていることになるので、自然と魚もそちら側に集まりやすいことも覚えておきましょう。

③道具のセット

ヘラブナ釣りは決まった釣り座に道具を置いて、その場所で座って釣りをするスタイルになります。まず、釣りがしやすいように道具をセットすることから始めます。

自分の入る釣り座が決まったら、道具を置きます。一般的には、自分が座る位置にクッションを敷き、背中側にヘラバッグを置きます。サオケースは、右利きなら右側、左利きなら左側に置き、ヘラバッグがある場合は、ヘラバッグの左に配置します。エサボウルを自分の左側(右利きの場合)、手の届く範囲に置いてセット完了です。

また、持ち込む道具量や自分の使い勝手でアレンジしてもOKですが、隣の人や、後を通る人のじゃまにならないように気を配りましょう。

続いて、サオを乗せるサオ掛けを支えるための万力をセットします。管理釣り場では、枕木(垂木)と呼んでいる木の板が桟橋に固定されているので、ここに万力をセットします。自分がサオを構えやすい位置にセットするので、右利きなら体の中心からやや右にセットするとよいでしょう。左利きならその逆になります。

万力をセットしたら、そこにサオ掛けを取り付けます。サオ掛けはサオを乗せるものなので、使うサオの長さによって、長さを使い分けます。サオが短ければ短め、長ければ長めとなります。目安として一般的な1本半もののサオ掛けなら、約1mの長いほう(1本と呼ぶ)のみで8～10尺に対応、11尺以上なら追継と呼ぶ短いほう(約40㎝)をつないで使用します。

万力とサオ掛けをセットしたら、サオをだします。サオをつなぐ時の注意点は、差し込む時に玉口を傷めないように指を添えるとよいでしょう。そして、しっかり止まるまで差し込んで、クッとひねります。釣っている途中で抜けないようにしっかり差し込みますが、釣っている途中でもたまに緩んでないかを確認します。

サオをサオ掛けに乗せたら、穂先が水中に沈む程度に万力の角度を調整すればこれで準備完了となります。

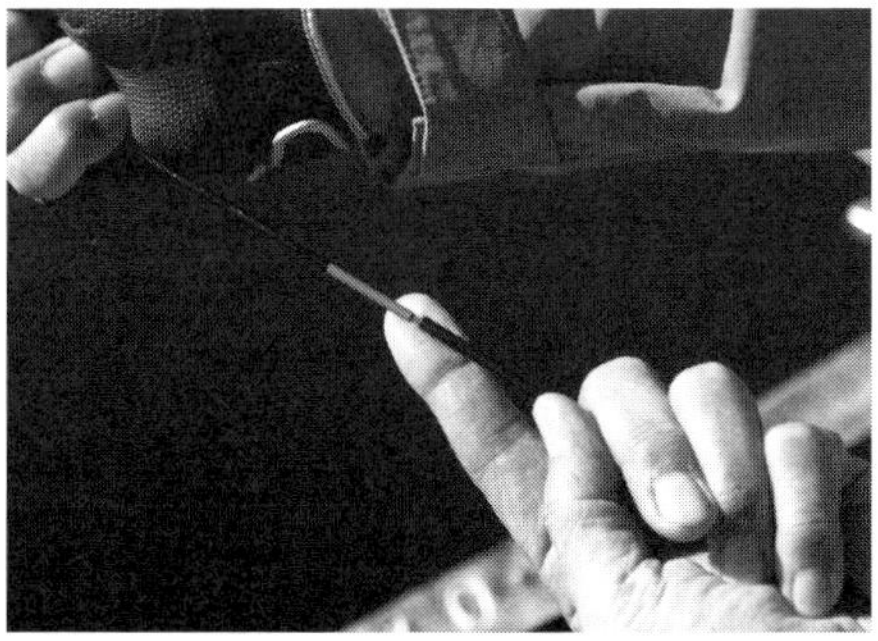

サオをつなぐ時は、指を添えると受け口側の玉口を傷めない。

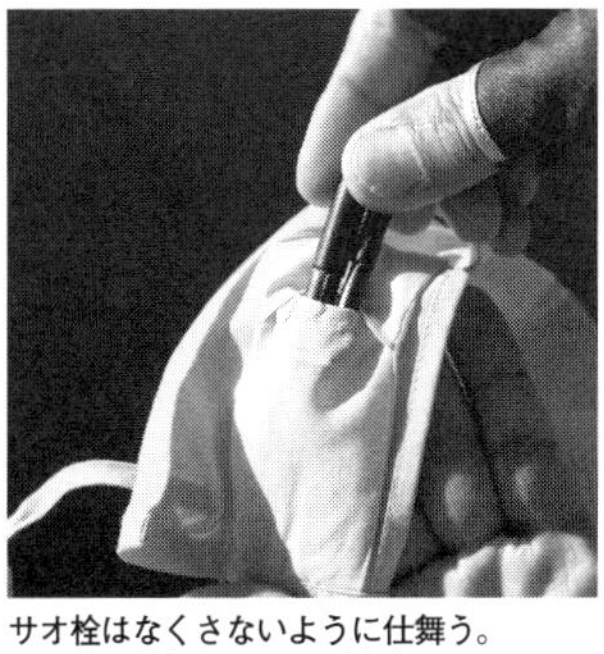

サオ栓はなくさないように仕舞う。サオ袋に仕舞えるタイプも多い。

最初に揃えるサオは、8～10尺ぐらいまでがおすすめ。

エサ落ち目盛りの決め方と役割

　エサ落ち目盛りとは、ハリにエサが付いていない状態でウキのバランスを取る時に決める目盛りのことです。この目盛りを基準に、エサの持ち具合を判断しますので、エサが付いていない状態で、トップを水面にある程度出す必要があります。おおよその目安として、両ダンゴの場合はトップ全体の3分の2ぐらいが水面に出るようにします。たとえば、ウキのトップが全7目盛りだとすると5目盛り出しでバランスを取るようにします。ウドンセットの場合は、約半分を水面に出すので、3～4目盛り出しをエサ落ち目盛りとして設定します。

　実際の設定の仕方は、まず、ハリが付いた状態（エサは付けない＝空バリの状態）でおおよそのオモリを付けて打ちます。この時、設定する目盛りより沈むくらいのオモリを巻きます。そして、オモリを少しずつ切っていき、設定したい目盛りが出るように調整します。もし、出すぎた場合は、ほんのちょっとなら、小さく切った板オモリを足してもよいのですが、かなり必要な場合は、再度大きめのオモリを巻き直して調整します。

　この時の注意点として、ハリの重さが確実に加わった状態で目盛りを見ることです。空バリで打ったあと、ハリの重さがトップにかかるには、いくらかの時間が必要です。ですから、打ってすぐの目盛りを確認するのではなく、少し時間をおいてからの目盛りを見てください。特にハリが小さい時は、より時間がかかりますので、慎重にこの作業を行ないます。最後にサオを引っ張って一度ウキを沈めてから戻ってきたところで目盛りを確認すれば万全です。

　このエサ落ち目盛りは釣っていく時の基準になるもので、非常に重要です。エサが持っている持っていないの判断は、この目盛りを頼りにします。

　また、この目盛りを基準に魚がタナより上か下かの判断もできます。エサ落ち目盛りに達する前やエサ落ち目盛り近辺でアタリが出るようなら魚はやや高い、逆にエサ落ち目盛りを通過して深い位置で当たるようなら魚は深いと判断します。

　このようにウキの動きから水中を読むヘラブナ釣りにおいては、基準となるエサ落ち目盛りは大切なので、正確に設定してください。おろそかにすると、あとあと困ることになります。

オモリの調節方法

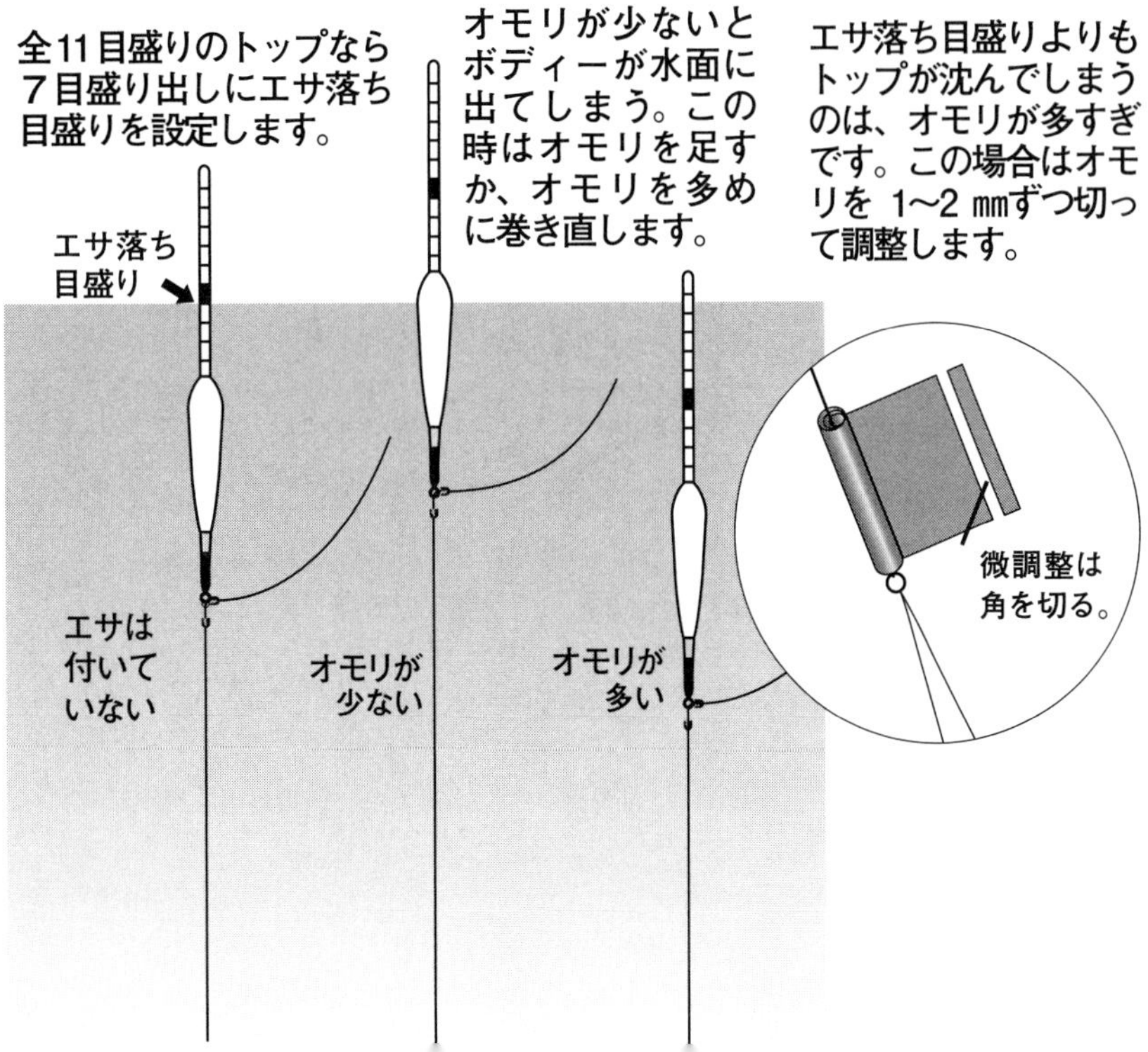
全11目盛りのトップなら7目盛り出しにエサ落ち目盛りを設定します。
オモリが少ないとボディーが水面に出てしまう。この時はオモリを足すか、オモリを多めに巻き直します。
エサ落ち目盛りよりもトップが沈んでしまうのは、オモリが多すぎです。この場合はオモリを 1～2 ㎜ずつ切って調整します。
エサ落ち目盛り
エサは付いていない
オモリが少ない
オモリが多い
微調整は角を切る。

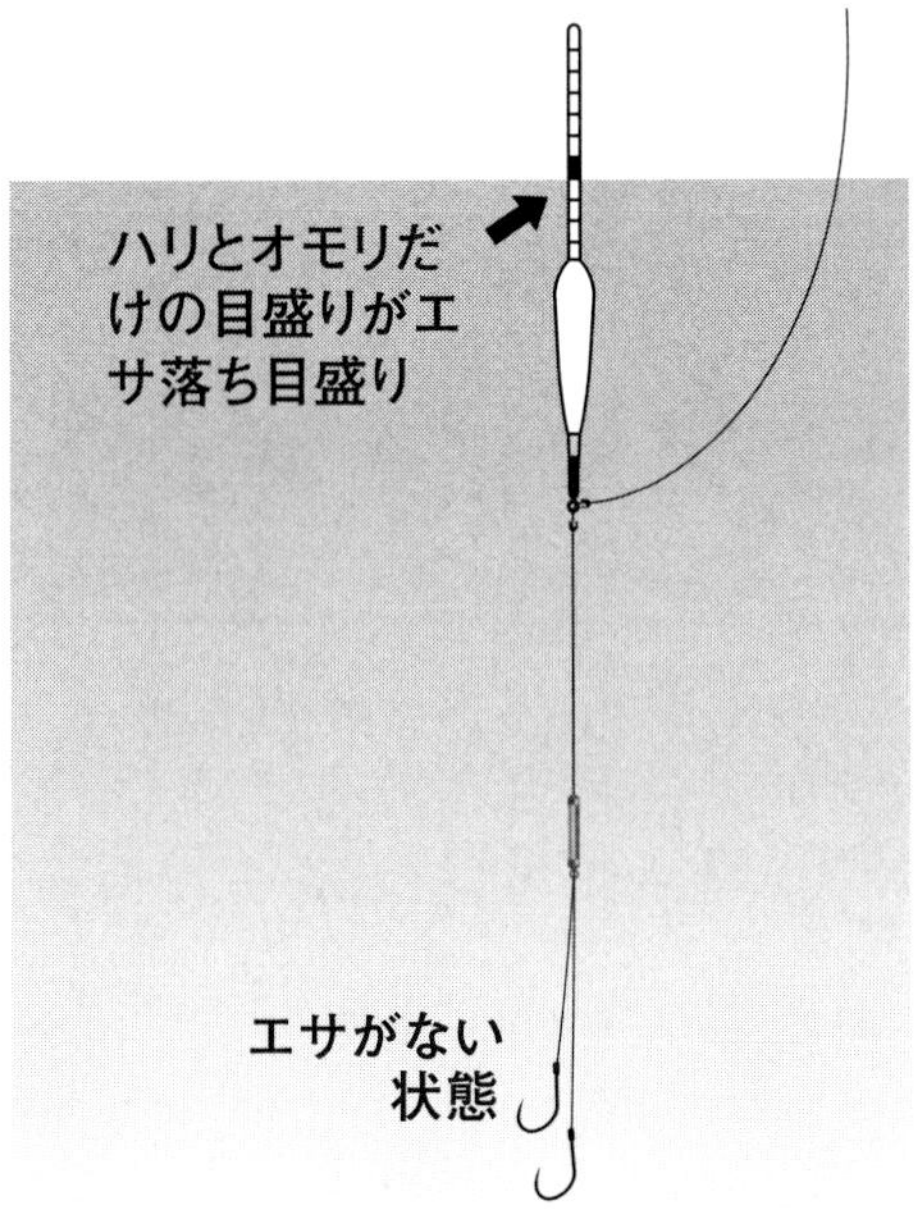
ハリとオモリだけの目盛りがエサ落ち目盛り
エサがない状態

エサ落ち目盛りとは、エサが付いていない状態でバランスを取った時に基準とするトップの目盛りのことです。両ダンゴではトップ全体の約3分の2が出るくらい、ウドンセットでは約半分が出るくらいに設定します。

エサ落ち目盛りの役割

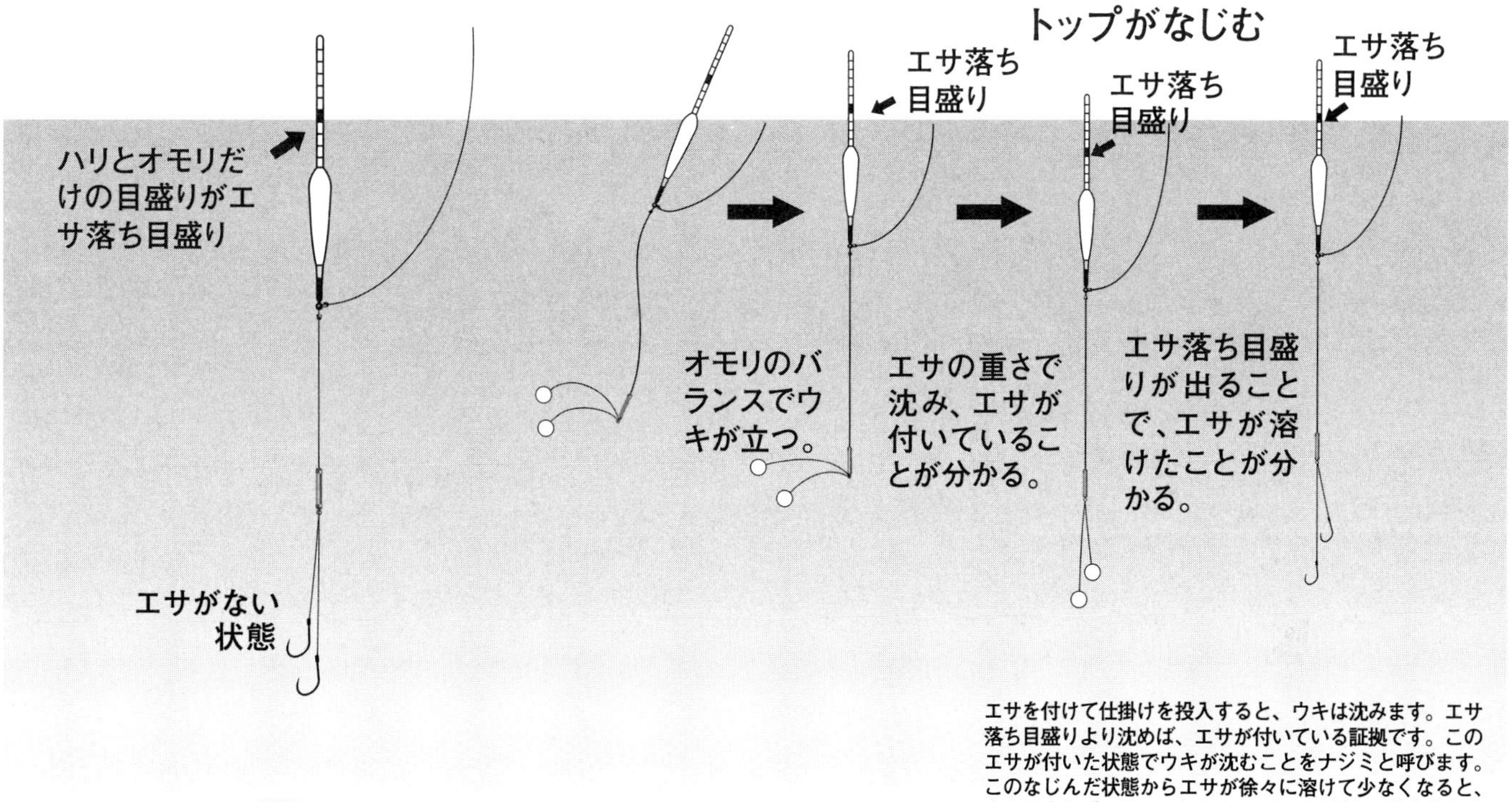

エサを付けて仕掛けを投入すると、ウキは沈みます。エサ落ち目盛りより沈めば、エサが付いている証拠です。このエサが付いた状態でウキが沈むことをナジミと呼びます。このなじんだ状態からエサが徐々に溶けて少なくなると、ウキは少しずつ浮いてきます。これがナジミの基本的な動きです。

エサが付いていない状態で水面に出ている目盛りの数でエサ落ちバランスを5目盛り出しなどと呼ぶ。

底釣りのタナ取り方法

エサを底に着けて釣る底釣りでは、釣りを始める前にタナ取りという水深を測る作業をします。底釣りでは、このタナ取りの作業がきちんとできないと、思うように釣れません。また、釣っている途中で、タナが変化することもあります。水の増減はもちろんですが、底にある堆積物がなくなることで、水深が深くなることがあります。こうした現象に気づくためにも、タナ取りは非常に重要なことです。いい加減にタナを取ると、平気で20㎝、30㎝タナがずれることもありますので、時間をかけて納得できるまでタナを測ります。なお、このタナ取り作業は、あくまでも釣るタナの基準を決める作業です。最初に決めたタナが釣れるタナとはかぎりません。それを勘違いしないようにしてください。

5 底のエサ落ちを確認

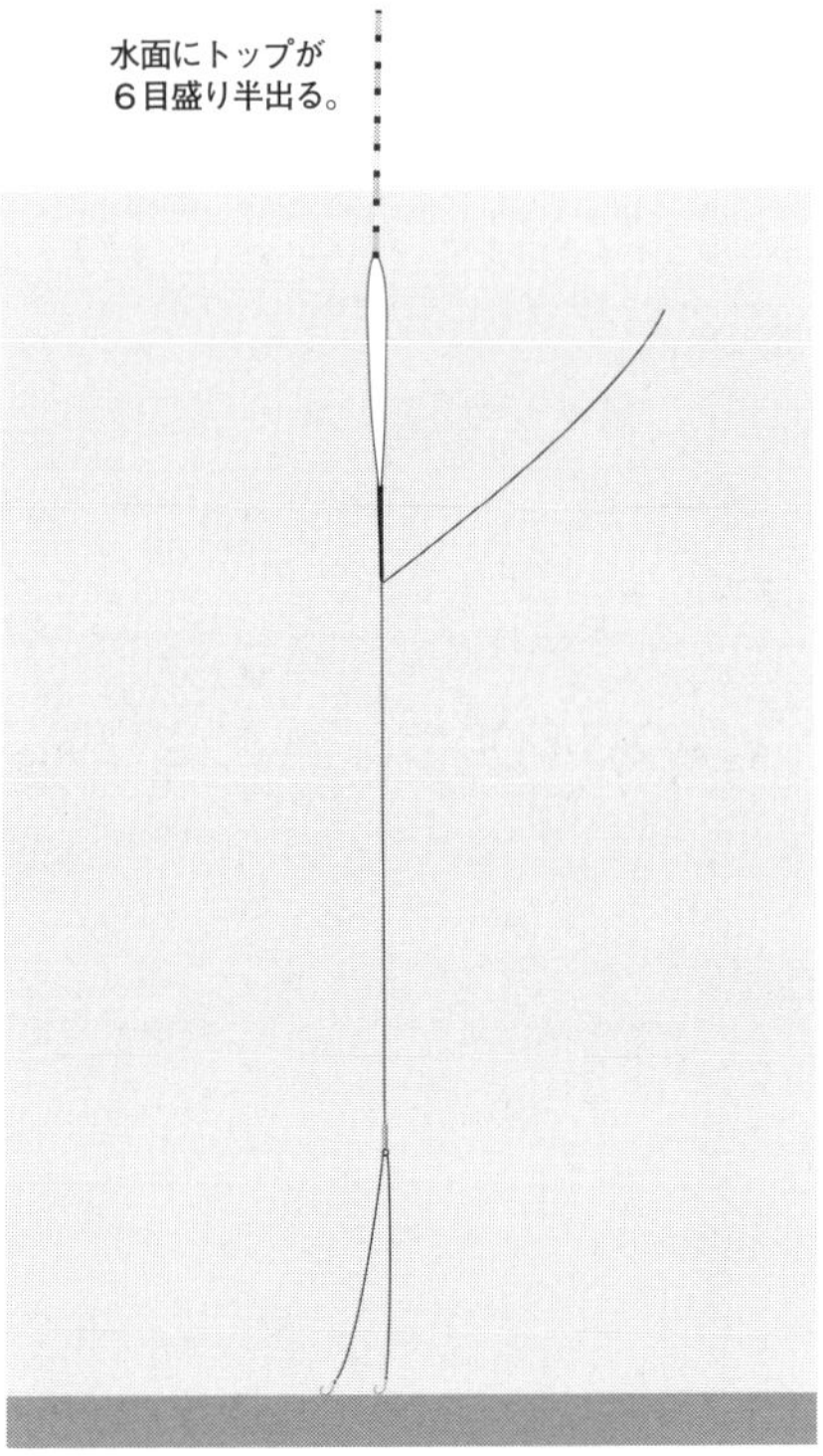

エサを付けない状態で打ってみます。ハリが底に付くと、ハリの重さがかからないので、6目盛りより下の7目盛り目が半分ぐらい見えるようになります。この目盛りが底釣りのエサ落ち目盛りになります。もしこの目盛りが出ない時は、ハリが底に着いていない、エサ落ち目盛りが変わってしまったなどが考えられます。

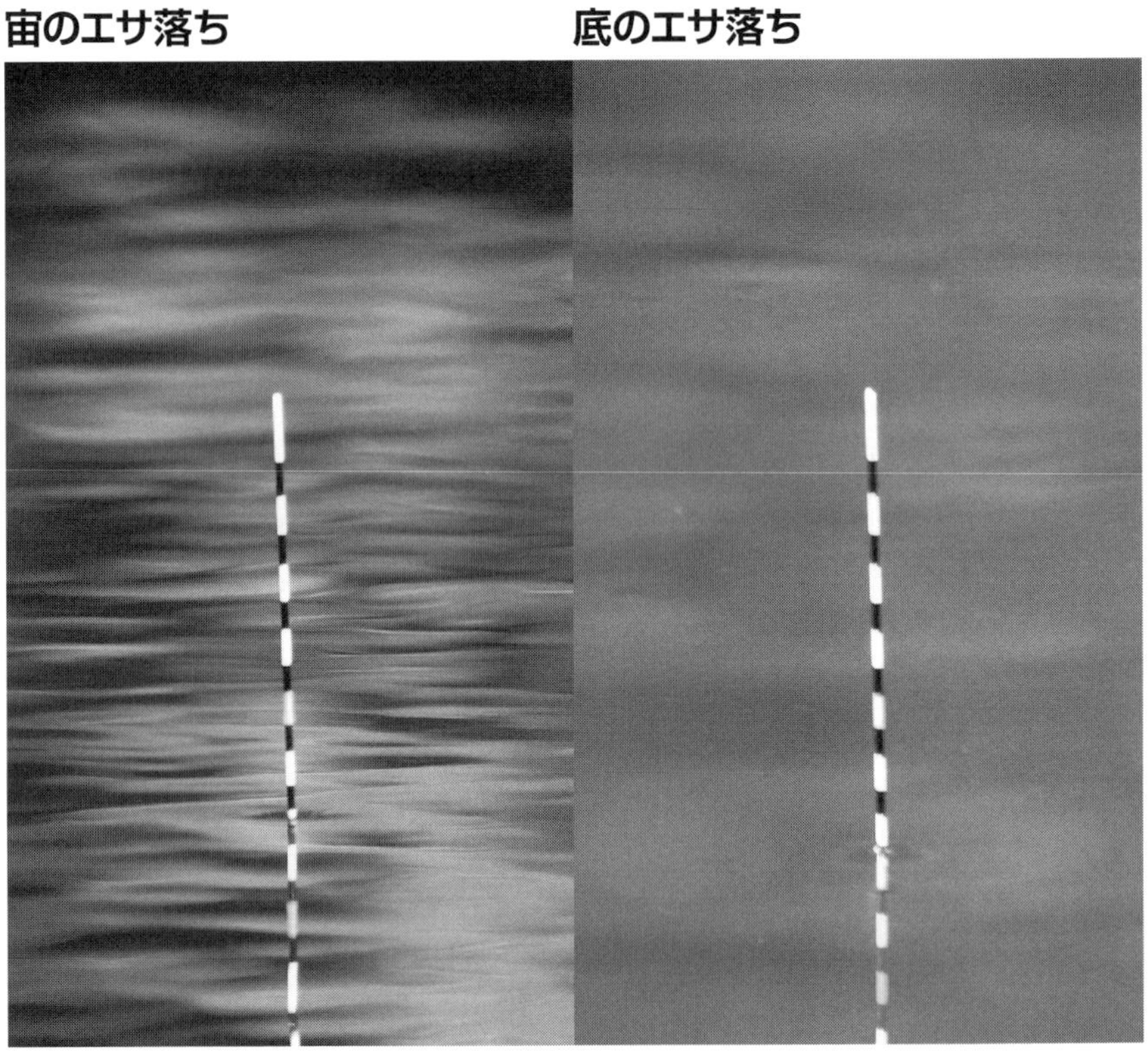

ハリが底に着いた時のエサ落ちは、宙のエサ落ちより目盛りが少し多く水面に出ます。
目盛りが多く出ることが、ハリが確実に底に着いている証しなのです。

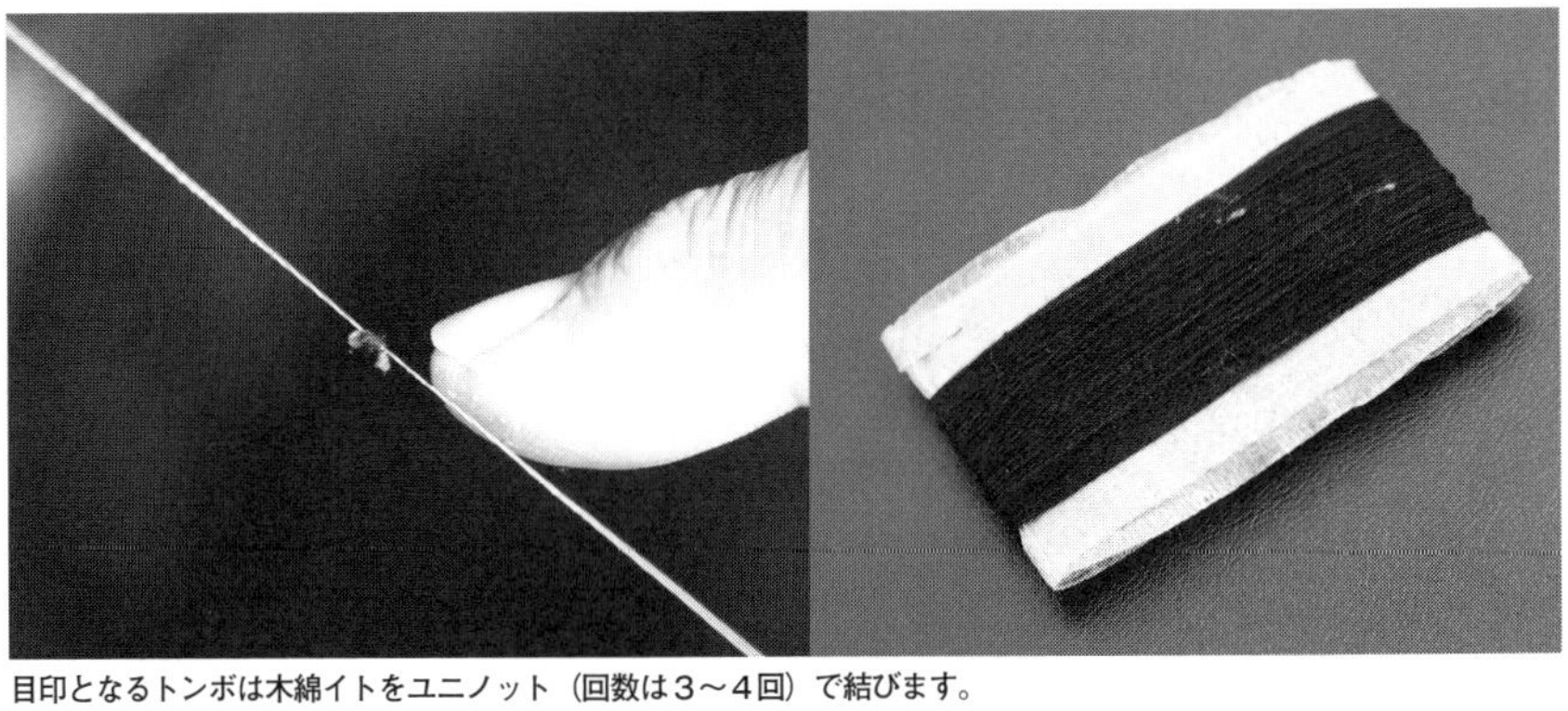

目印となるトンボは木綿イトをユニノット（回数は3～4回）で結びます。

タナ取りの手順

1 宙のエサ落ちを決める

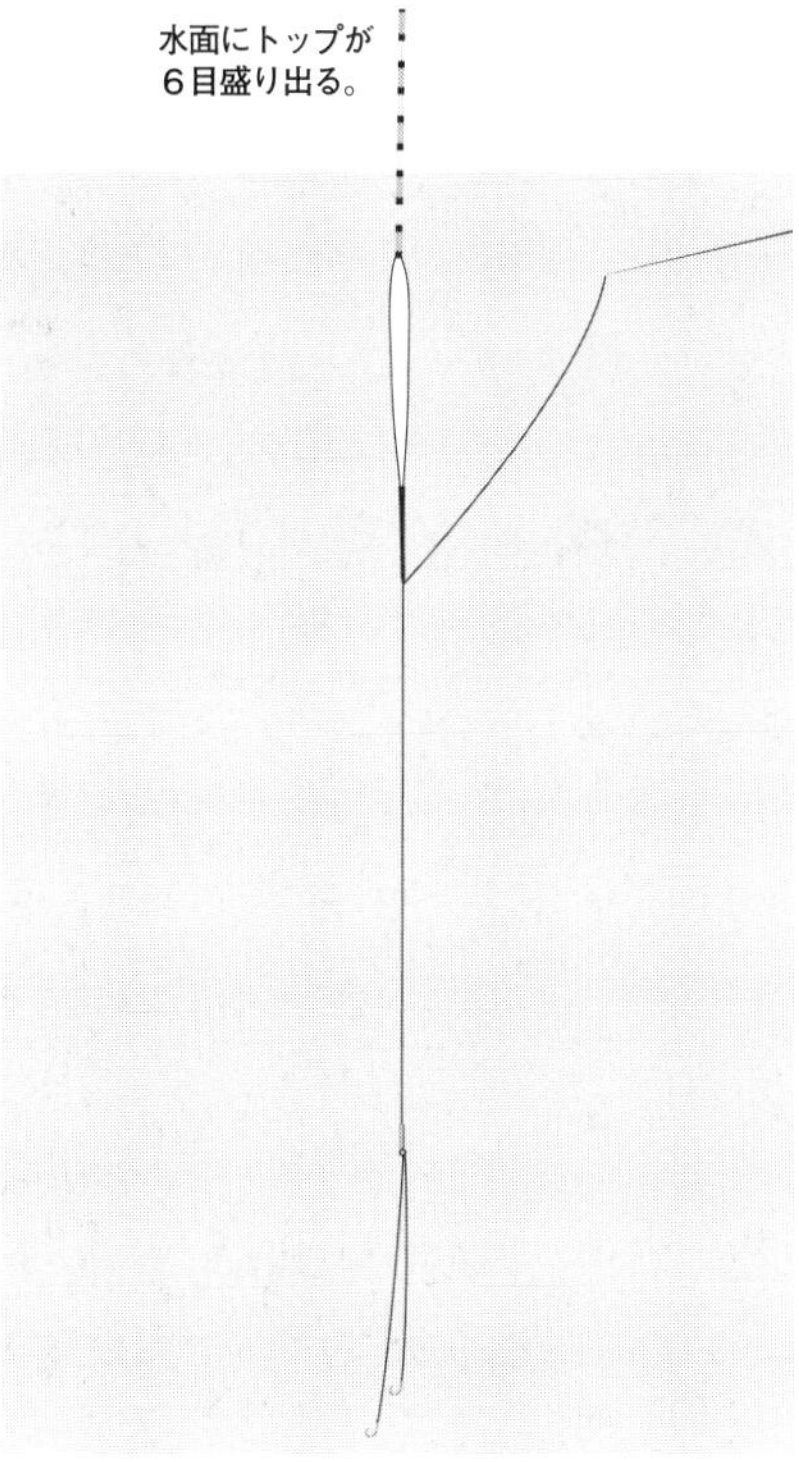
水面にトップが
６目盛り出る。

エサを付けない空バリの状態でエサ落ちを決めます。今回は全９目盛り中６目盛り出しに設定しました。

2 シンカーゴムを使い底を測る

タナ取りに使うシンカーゴムは、大きさを変えられる粘土タイプが便利です。

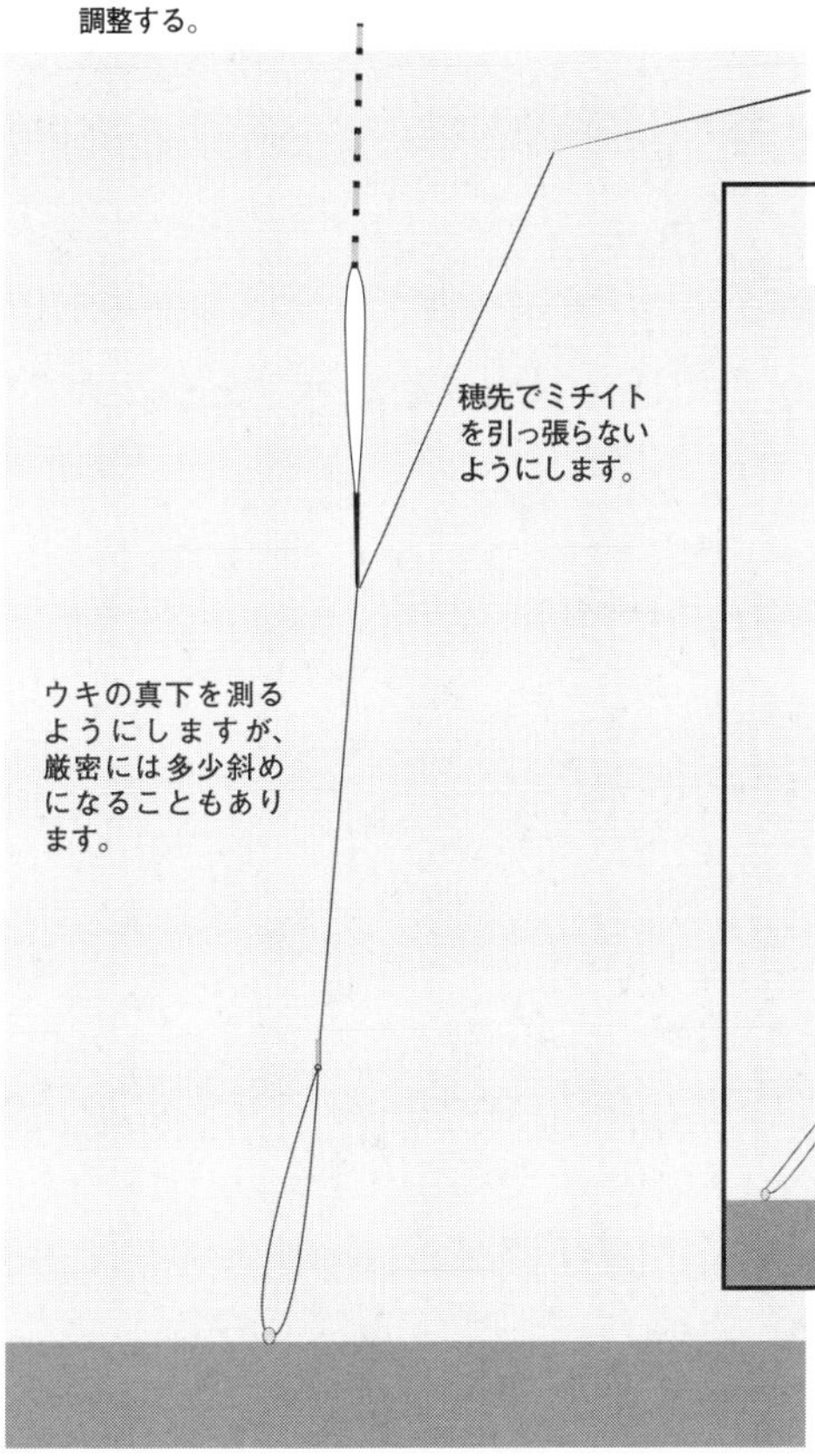
水面にトップ１目盛りが
出るようにウキの位置を
調整する。
穂先でミチイト
を引っ張らない
ようにします。
ウキの真下を測る
ようにしますが、
厳密には多少斜め
になることもあり
ます。

シンカーゴム（タナ取りゴム）に両バリを刺してエサ打ちする場所へ打ち込み、ウキのトップ先端１目盛りが水面に出るようにします。ウキが水中に潜るようならウキの位置を穂先方向に上げ、ウキが水面に出すぎているようなら下方向に動かします。

悪い例

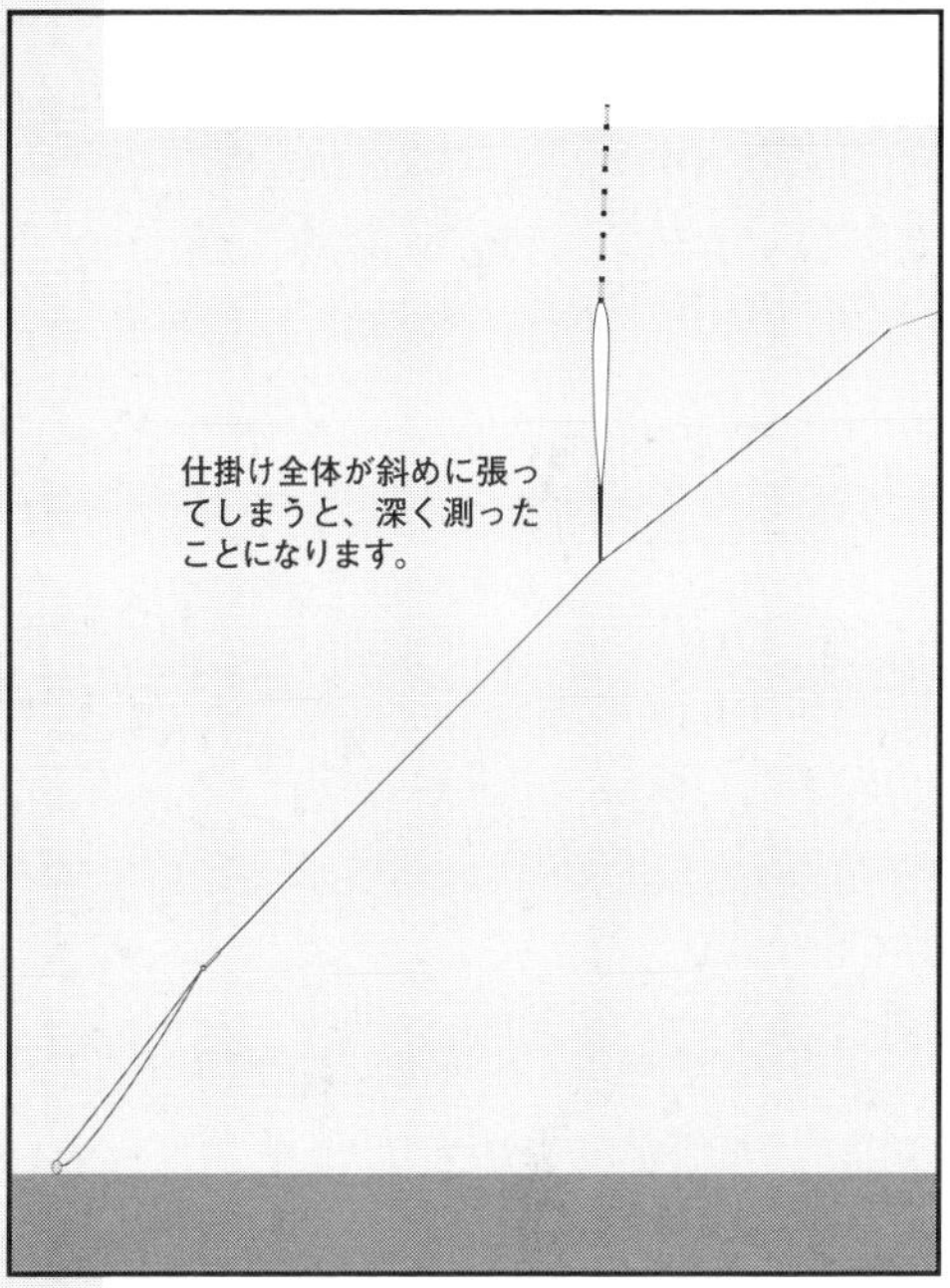
仕掛け全体が斜めに張っ
てしまうと、深く測った
ことになります。

タナ取りの際に沖へ打ち込むと仕掛け全体が斜めに張ることになります。こうなると、タナを深く取ることになります。サオ先を上げるようにして、ウキの真下にシンカーゴムがくるようにします。

3 トンボの位置を決める

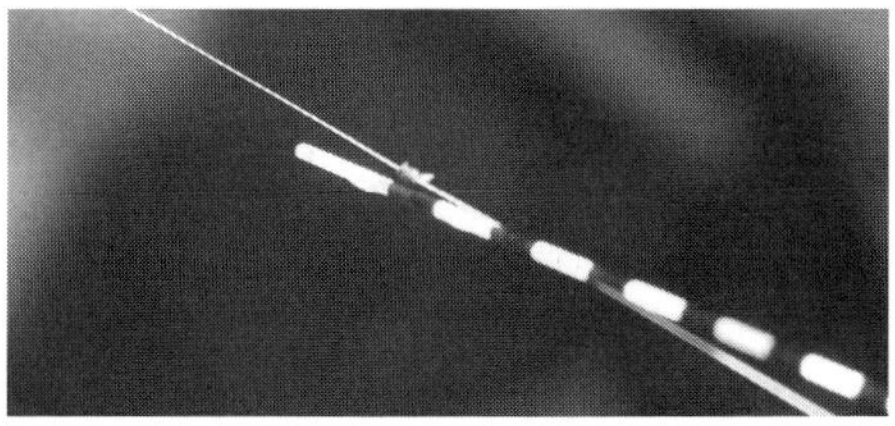

ミチイトに付けたトンボ(目印)をウキのトップ先端１目盛りの位置にずらします。この位置が基準となる水深です。この時に左右、沖や手前の水深も確認しておくとよいでしょう。

4 ウキの位置を決める

トンボに６目盛りを合わせるようにウキを動かします。この位置が上バリトントンといわれるタナです。この位置から２～３㎝ウキを上にずらしてスタートします。こうすると確実にエサが底に着いた状態になります。

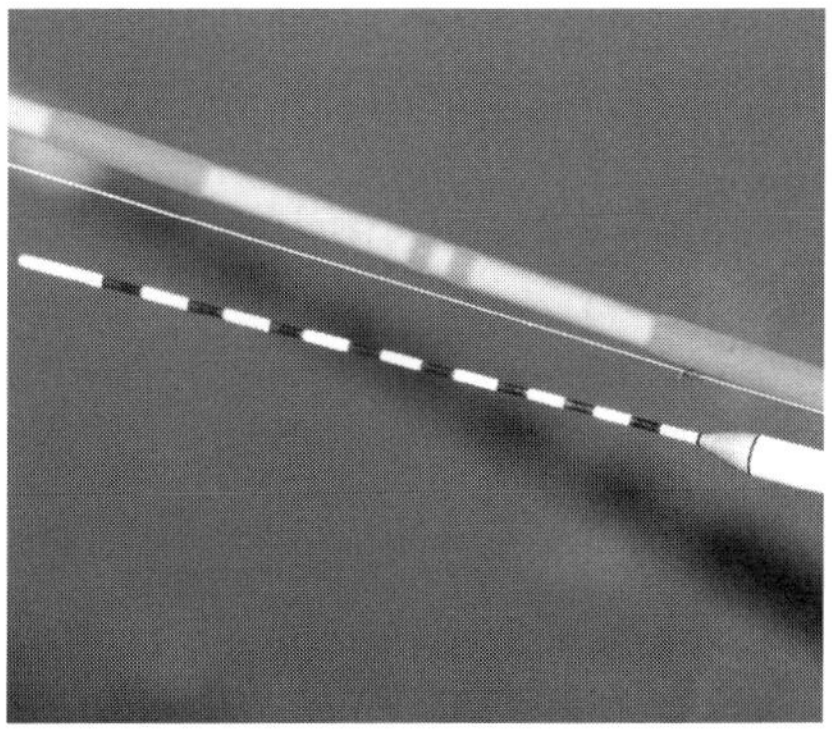

2 グルテンエサの基本的な作り方

カップで量を測って粉をグルテンボウルに入れます。

水を注ぎます。

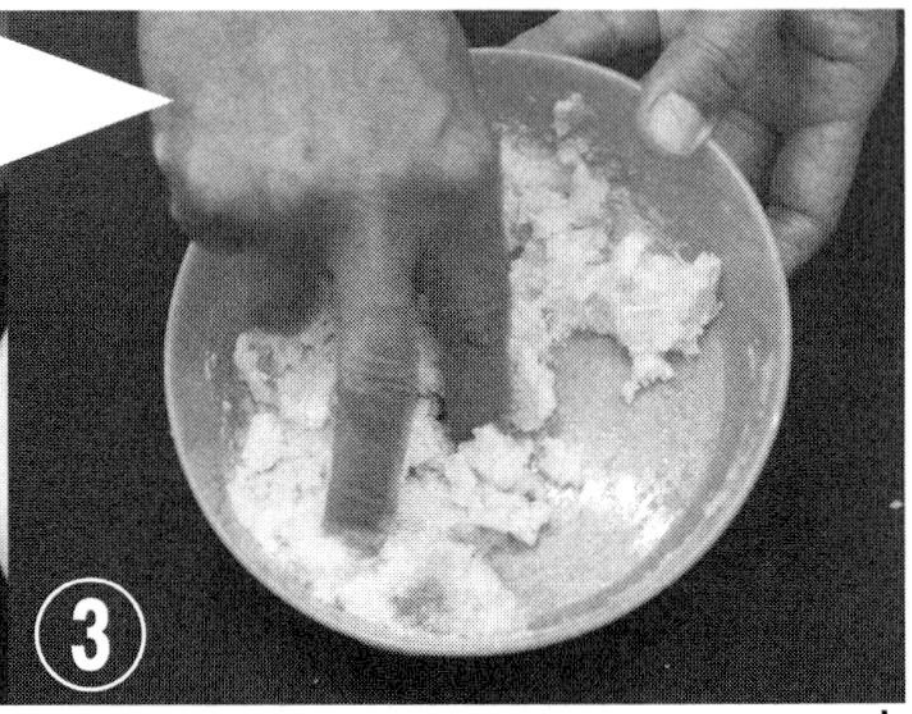

指先を使ってよくかき混ぜます。

隅に寄せて固まるまで放置します。

固まったらひっくり返します。

端からつまんで丸めて使います。

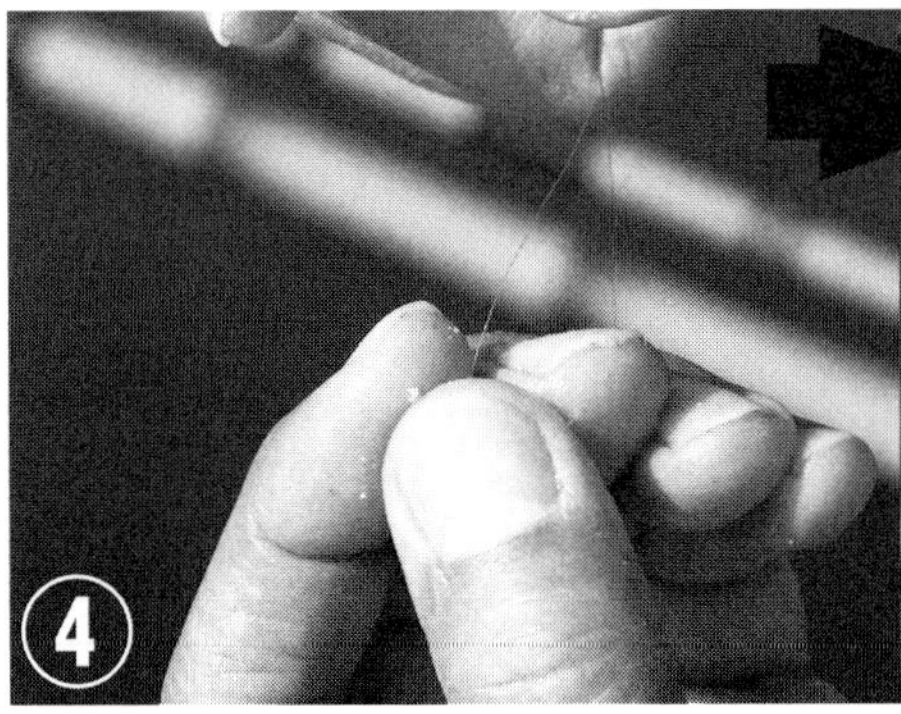

チモト部を圧をかけて抑えます。

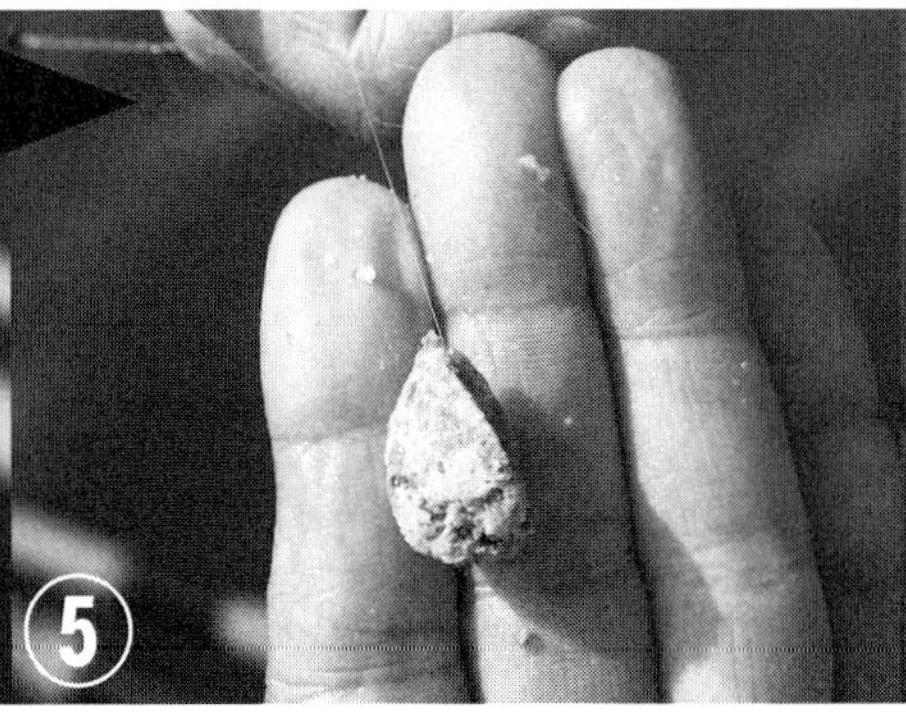

ハリがエサから飛び出ていなければOKです。

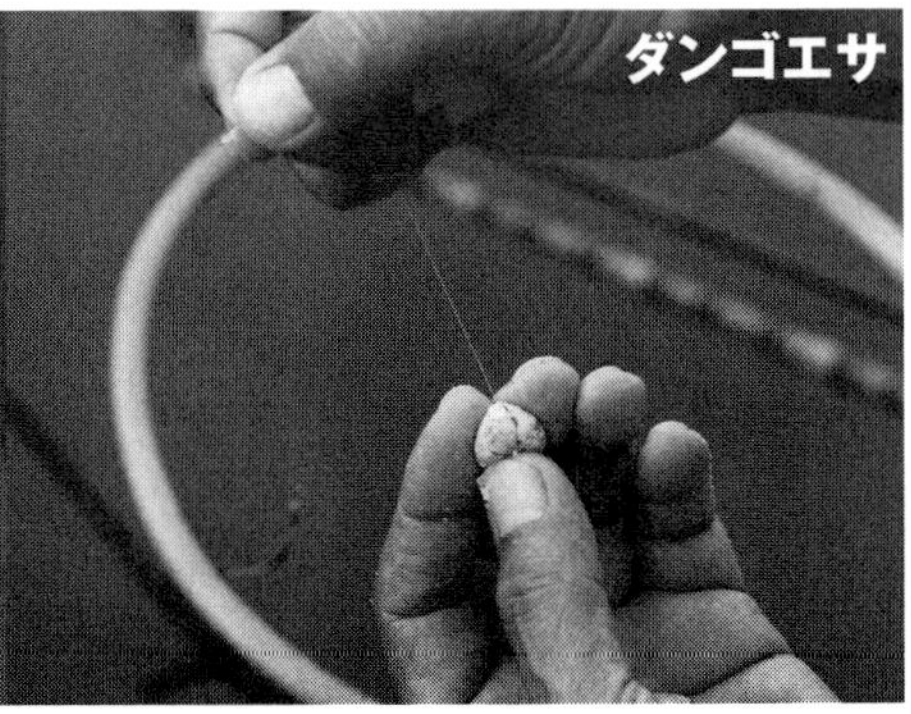

ダンゴエサの場合、エサの下からハリを引き抜きます。

1 ダンゴ・バラケエサの基本的な作り方

ボウルにエサを入れたら粉の状態でかき混ぜます。

水を注ぎます。

ムラが出ないようによくかき混ぜます。

使うエサと基エサに小分けにします。

ダンゴエサの場合、押し練りをして粘りを出します。

バラケエサの場合は、エアーの入った状態にします。

3 ダンゴ・バラケエサの付け方

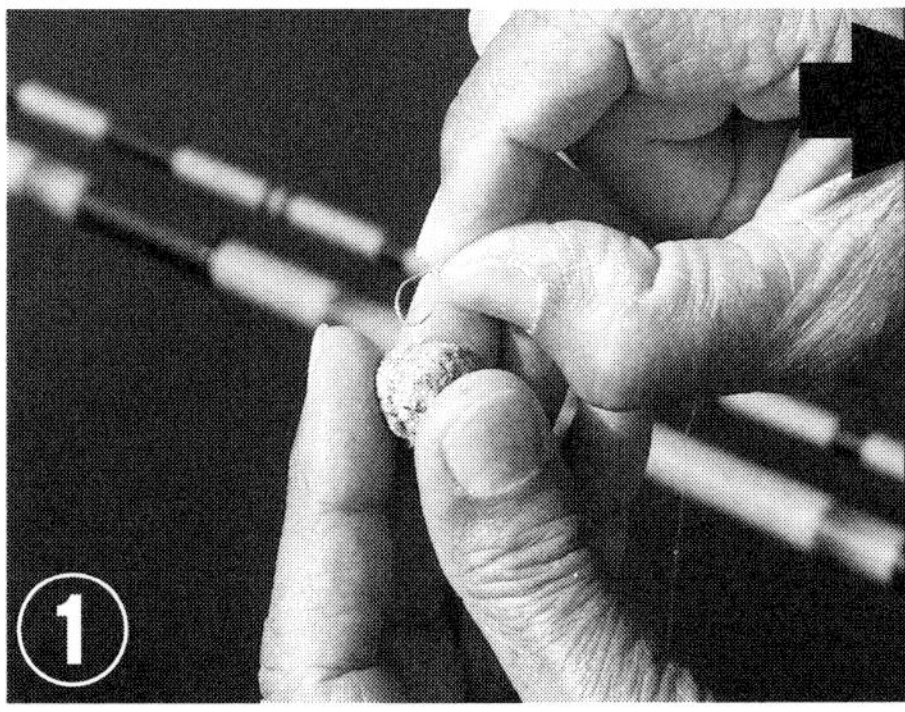

左手にエサを持ち、右手でハリをつかみます。

ハリをエサの中に刺すように入れます。

左指でエサを包み込むように抑えます。

ヘラブナ釣りの基本動作

ここでは、ヘラブナ釣りに欠かせない基本動作である、振り込み、アワセ、取り込みなどのコツや注意点を解説します。こういった基本動作が実は釣果にも大きく影響しますので、しっかり身につけましょう。

2 アワセの基本

アワセはサオを大きく上げる必要はなく、肩のラインよりも低い位置まで充分です。構えた位置からやや前方に鋭く上げ、その位置で止めるイメージで行ないます。サオを持って構える時に、手の平が上を向いていると（下から持つ）どうしても手首を返してしまい、サオが大きく上がってしまいます。上から被せるように手の甲側を上にして握ると、必要以上に強く合わせなくてすみます。

4 ハリのはずし方

玉網ですくったあと、サオを置きミチイトを持ってラインをまっすぐにしてハリの位置を確認します。ヘラブナ釣りのハリはスレバリですから、ハリの軸側を持ってハリのカーブと同じような軌道で引くと簡単に外れます。ハリを外したら魚を逃がします。

1 仕掛けの振り込み

振り込みとは、エサの付いた仕掛けを投入することです。浅いタナの振り込みは、穂先〜ウキの間が広いので、この距離分だけ沖に振り込みます。上手くいかない時は立て膝で行なうとやりやすいです。穂先〜ウキの間が狭いチョウチン釣りでは、サオ先にエサを落とします。落とす位置の目安は、サオをサオ掛けに置いた時の穂先の位置より少し先です。

3 やり取りと取り込み

ヘラブナがヒットしたら魚を寄せますが、強引に引っ張って寄せるのではなく、魚の引きを楽しみつつ魚の動きに合わせてテンションを緩めないようにいなします。魚の動きが少し落ち着いたところで少しずつ肘を上げるようにして引くと、魚が水面に顔を出します。ここでもテンションを緩めないようにサオをうしろへ倒すように寄せて玉網ですくいます。魚を沖で浮かせるようにしないと手前で潜られますので気を付けましょう。

釣り場のルールとマナー

管理釣り場や釣り堀には必ずルール（規定）が設けられています。そのルールを守るのはもちろんのこと、他の釣り人に迷惑になるような行為は慎みましょう。

●基本ルール＝ヘラブナ釣りではハリが口に入っていない時（スレ）は釣果として認められません。また、原則キャッチ&リリースで楽しむ釣りです。釣った魚は、ハリを外したらすみやかにリリースしましょう。また、大会や例会などでは、釣果を競います。その際は、フラシと呼ばれる網に釣った魚を入れます。原則としてこのフラシは、大会・例会のみでそれ以外では使用しません。

●サオ規定＝サオの長さに制限があります。たとえば、サオ8～18尺までとあれば、その範囲内の長さのサオを使用します。

●タナ規定＝ねらうタナの規定です。自由ならどんなタナでもOKです。関東の管理釣り場では、ウキ止め～第1オモリまで1m以上という釣り場が多く、仕掛けのウキ止めゴム～板オモリの間を1m以上離さなければいけません。このルールがある釣り場では、故意の振り切りも禁止です。

●エサ規定＝使えるエサの規定です。ヘラブナ釣りでは生きエサは禁止です。また、釣り場によっては角麩・オカメ禁止の場所もあります。

●マナー＝これは一般的な常識でもありますが、ゴミは指定のゴミ箱に捨てる、桟橋上は走らない……など、他人に迷惑をかけるような行為は固く慎んでください。

ヘラブナ釣りはスレ禁止！

ヘラブナを釣った時、ハリが口の中に入っていると、釣果として認められる。
外側から掛かったり、口以外のヒレやアゴなどに掛かった場合は、スレとしてノーカウントになる。

キャッチ&リリース

ヘラブナ釣りはキャッチ＆リリースが原則。釣った魚はハリを外してすみやかに放す。
魚をキープしておくフラシを使用するのは、大会や例会の時だけです。

桟橋を歩く時

桟橋を歩く時は静かにし、走ったりしないこと。
また、タナ取りのため、サオを引いていることもあるので、踏まないように注意する。

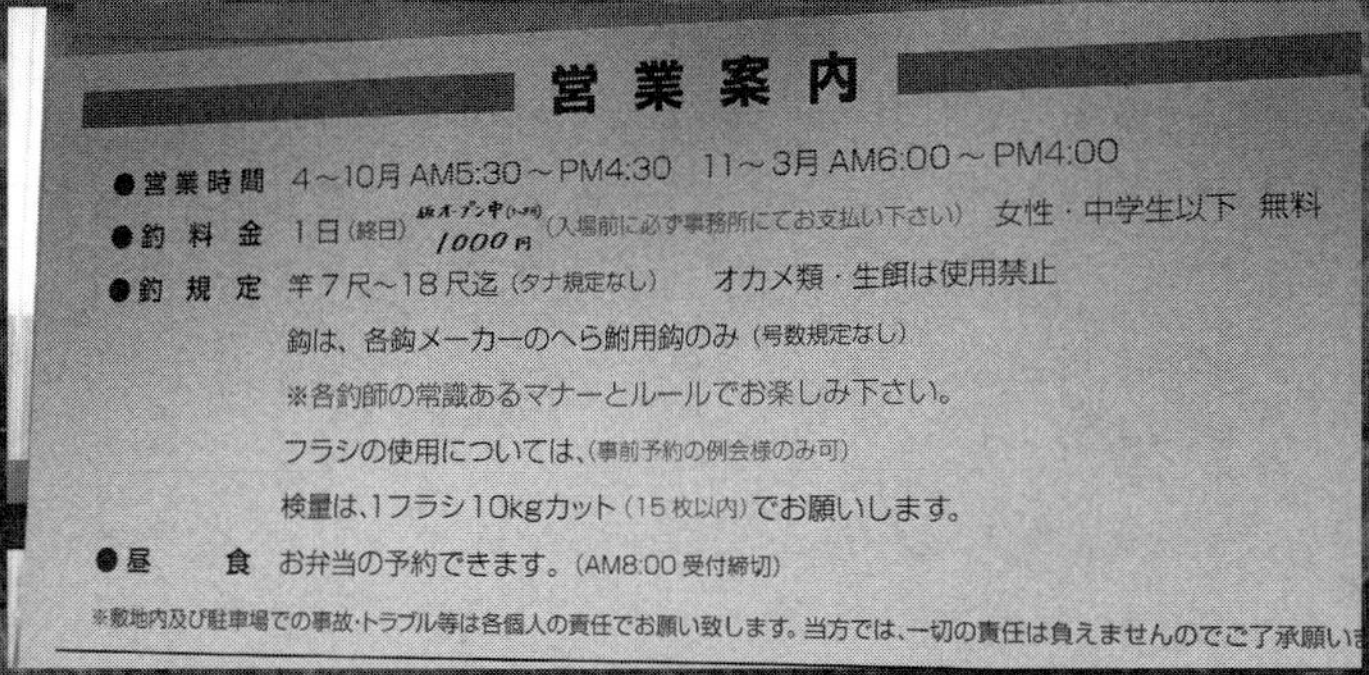

釣り場ごとにルールが設定されているので、入場時に確認しておくこと。

釣り台の組み立て

DVD 連動

ヘラブナ釣りには、自然の川や池、湖で釣る野釣りもあります。この野釣りは、おおまかに分けるとボート釣りと陸釣りに大別できますが、ボート釣りは文字どおり、ボートに乗って釣りをするスタイル。陸釣りとは、釣り台と呼ばれる道具を設置し、釣り座を作って釣るスタイルです。まずは、お手軽な釣り台の設置方法と注意点を解説します。

釣り台は釣具店で購入可能です。この釣り台さえあれば、陸釣りの幅やフィールドが広がるので、ぜひとも購入してもらいたいアイテムです。
　ちなみに、撮影したフィールドの埼玉県びん沼川（船渡橋下流）は、好機の休日にはのべ１０００人を超える釣

釣り台を設置し、多くの釣り人が楽しんでいるびん沼川。

オプションのサイドテーブルやロッドホルダーも取り付けられる。

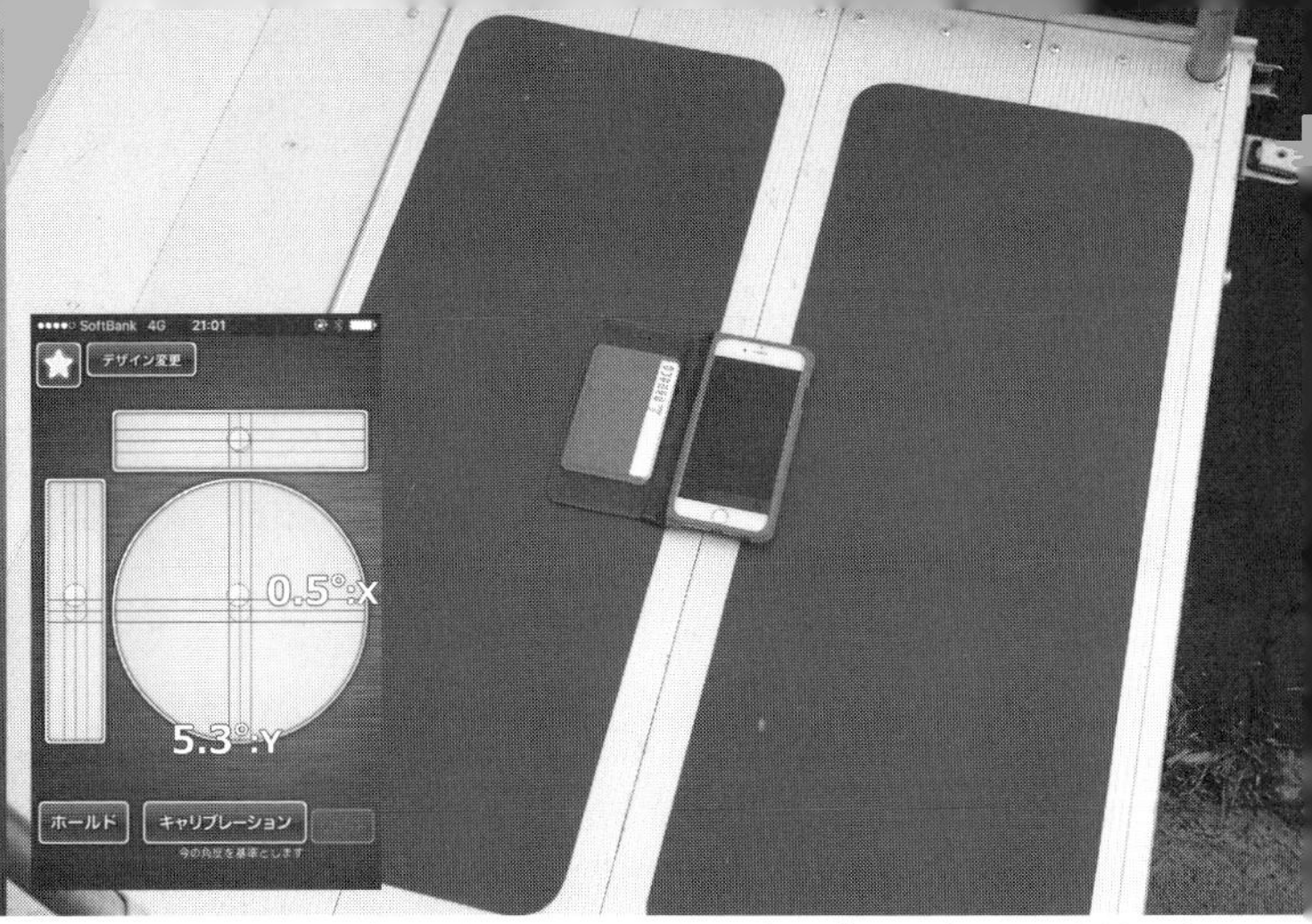

正確に水平を測るならアプリを利用するのも一手。写真は「水平器」という無料アプリの画面。

り人が訪れることからも日本一の野釣り場といわれています。埼玉南部漁業協同組合が放流をしていて魚影がかなり多いこと、ほぼ全域で護岸化されていることから、釣り台さえあればどこでも釣りができるなど、好条件がそろっているので、釣り台デビューにはうってつけの釣り場といえます。

●釣り台設置の手順

①釣り台を組み立てる

釣り台には座面が広くあぐらをかけるタイプと座面が狭くまたいで使う2タイプあります。各種メーカーの製品がありますが、設置方法は大方同じです。具体的な設置方法はDVDで詳しく解説していますが、2つ折りになった座面を広げ、中に入っている万力を設置する部品と脚を四隅にさします。たったこれだけです（その他付属品が多数ありますので、使い勝手で選んでください）。台を組む時は水際ではなく、少し離れた場所で組みましょう。安全面にくわえ、魚に警戒心を与えない効果もあります。

②釣り台の設置

ポイントは組んだ台の設置方法です。びん沼川のように斜め護岸の場合、釣り台を水平に設置するには、前脚を長く、うしろ脚を短く設定します。これも大雑把でかまわないので、水際ではなく、少し手前で調整しておくとよいでしょう。

続いて水際に台を設置しますが、場所によっては足元が滑りやすくなっていたり、角度が急な場所もありますので、体の重心をやや後方において、腕を伸ばすようにして台を置きます。前脚の固定を確認し、うしろ脚の長さを微調整して水平になるようにすればOKです。

この時、やや前のめり、ややうしろ下がり、水面からの高さなどは自分が釣りやすい位置で構いません。ただ、前後左右に傾いたりしていると疲れますので、できるだけ水平になるように設置しましょう。スマホで簡単に水平確認できるアプリもあるので、それを利用するのも一手です。

最後に、いきなり台に乗るのではなく、手で押さえながら台の固定を確認してから乗るようにしてください。野釣りを楽しむうえで注意したいのは、安全面にくわえ、ゴミを捨てないことなど、必ずマナーを守ってください。

左のテーブルにエサボウル、右のロッドホルダーにロッドケース、後方にバッグと管理釣り場と同じ形で釣りができる。

安全面を考慮し、陸釣りでもライフジャケットの着用がおすすめ。

DVD
連動

ボートの乗り方
ロープ付け

三名湖のほか、鮎川湖、円良田湖、間瀬湖、三島湖などでは、ボート釣りだけでなく桟橋釣りも楽しめる。舟が苦手な方や子供などにはおすすめ。桟橋といっても水深は充分あるし、眼前に広がる景色はボートと同じ。お手軽に野釣りを味わうなら桟橋から始めてもよいだろう。

前頁では野釣りでも陸釣りで使用する釣り台の組み立てと設置について解説しました。今度は野釣りでもボートから釣りをする場合の解説をします。

ボートの釣りは初心者にとってハードルが高いと思いがちですが、実際にはそれほど難しいことはありません。ただ、これまで解説した管理釣り場や陸釣りとの決定的な違いはボートに乗ることです。つまり、水の上で釣りをするということです。ここに不安を覚える方もいるかもしれませんが、舟を一度固定すれば、あとは他の釣り場と何ら変わらず釣りができます。

それ以上にボート釣りには、広い湖で釣る爽快感があります。この雰囲気は陸からでは味わえないものですので、ぜひ、今回解説する注意点を守ってチャレンジしてください。なお、撮影場所の三名湖（群馬県藤岡市）は、ヘラブナの魚影が多く、引きも強いので人気の釣り場です。

伊藤さんのオススメ！

盛期の湖に行くなら、ぜひチョウチンダンゴでダイナミックな釣りを味わってください。三名湖は魚影が多いので、それほど長いサオの必要もないので初心者でも安心です。とにかく魚がいっぱい寄ってくるので、エサをしっかり持たせること。エサがしっかり付いてさえいればアタリが出ますから。そんな時に最適なのがエサ持ち抜群の『カルネバ』。これをブレンドすることで、練らずに持つエサが作れます。

初心者でも使いやすくしっかり
エサ持ちする伊藤さんオススメブレンド

『カルネバ』200 cc＋『凄麩』200 cc＋
『バラケマッハ』200 cc＋水 150 cc

※やや硬めの仕上がりをそのまま使う。軟らかくする時は、手水で押し練り。練り込まずに使えるので調整も簡単だ。

先にボートに乗り込んでから荷物を運び入れると安全だ。

ボートへ荷物を積む

まずは、舟着場に停めてあるボートに荷物を積みます。DVDで紹介しているように舟を横付けして積み込むのが安全ですが、スペースがない場合は、縦に停めてある舟に荷物を載せることになります。この場合は、まず自分が舟に先に乗り、しゃがんだ姿勢で荷物を積み込むようにします。

この時、一番危険なのが荷物を担いだまま舟に乗り込むことです。舟は舟着場に停めてあるとはいえ不安定なものです。そこへ荷物を担いで乗り込めばバランスを崩して転覆することもあります。一歩間違えば、ここで落水という危険もはらんでいるのです。

出発時やポイントが近い時、静かに移動したい時などは1本オールで。

広い場所に出てから2本オールで漕ぐ。

ヘラブナ釣りにはウエストベルトタイプの救命胴衣がおすすめ。

話が前後しますが、船着場へ着いた時点でライフジャケットやライフベストなどの救命胴衣を付けることも忘れずに！　これまでヘラブナ釣りでは救命胴衣の着用がそれほど重視されていませんでしたが、いまは船宿からも注意喚起がなされています。それ以前に、自分の命を守るものなので、絶対に着用してください。

オールの漕ぎ方

荷物を積んだら目指すポイントへ舟を漕いでいきますが、舟着場から出る時は、1本オールで出発しましょう。混雑しやすい舟着場周辺では2本オールでは他の舟にぶつかったりしますので、広いところへ出てからオールをクラッチにはめ、2本オールで漕ぐようにします。

また、近距離移動や、釣りをしている他の舟が近くにいる場合なども1本オールで移動します。他人の釣りをじゃまするようなマナー違反は避けましょう。

舟上の釣り座

最近は、ボート用のスノコを各舟宿が用意しているケースが多いです。三島湖や戸面原ダムにはあぐら用のボートもあります。ただ、必ずしもそれが利用できるとはかぎらないので、そんな場合はボートスノコを利用したり、釣り台やスノコを持参したりします。

舟を固定し釣り座が整えば、あとは管理釣り場と同じです。広々とした湖面で普段は使えない長ザオを振ることもできます。短いサオでは味わえない深場の釣りを堪能できることもボート釣りの面白さです。

あぐらをかいて釣れるように、各舟宿がスノコなどを用意してくれている。

ロープ付け

目指すポイントに到着したら、既設のロープに舟を固定します。多くのヘラブナ釣り場はポイントにロープが張られていますので、そのロープに舟を付けます。三名湖は2本ロープが張られているので、1本をクラッチ部、1本を舳先に付けます。精進湖などは1本ロープなので、クラッチ部のみに付けます。

大半の舟にはあらかじめクラッチ部と舳先部にヒモが付いているので、これを利用してロープに固定します。また、舟止め用の器具も売られていますので、それを利用してもよいでしょう。

舳先をロープに付ける。

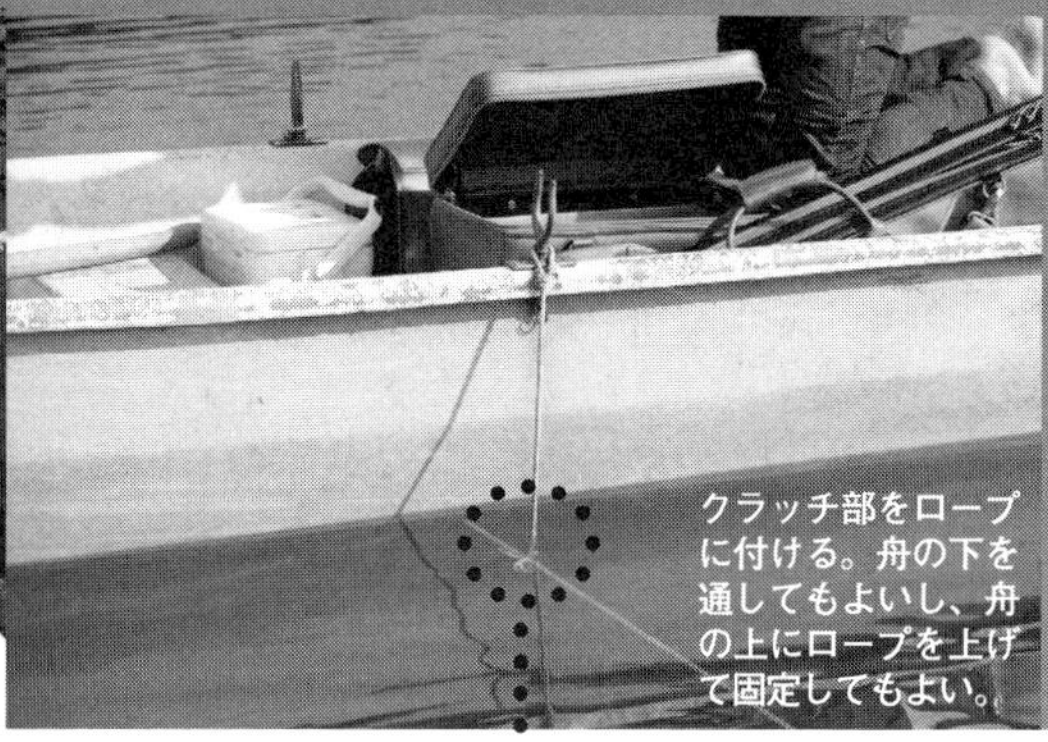
クラッチ部をロープに付ける。舟の下を通してもよいし、舟の上にロープを上げて固定してもよい。

クラッチ部のヒモをロープに結ぶ場合、長さが充分なヒモが2本あれば固結びでよいが、1本しかない場合はツーハーフヒッチ（ふた結び）が簡単でおすすめ。多彩な場面で活用できるので覚えておこう。

ツーハーフヒッチ（ふた結び）

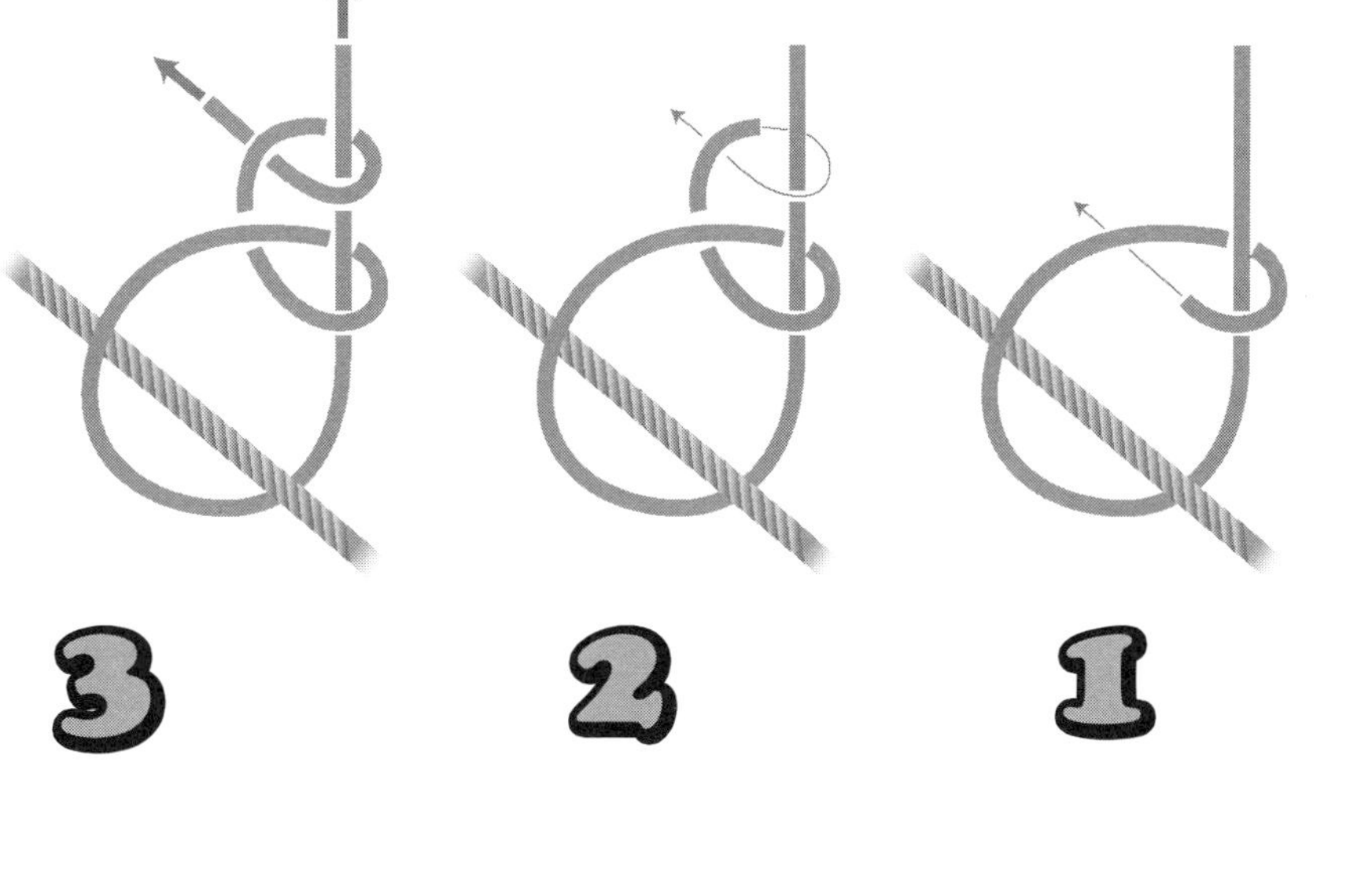

トーナメンターの釣りは最先端の釣り

競技スタイルの最高峰が全国トーナメント！

ヘラブナ釣りは競技が盛んな釣りです。食べて楽しむ釣りではないからかもしれませんが、釣り会にしろ競技会にしろ、池のイベントなど、釣果を競う場面が多いのです。その中でも、本気度が高く、釣技の最高峰といわれるのがトーナメントです。このトーナメントは主にメーカーが主催している場合が多く、100人以上を同時に集めて1日で釣果を競う大会から全国各地で予選会を行ない、勝ち上がった選手だけで釣果を競う全国大会まであります。それだけ、このトーナメントに燃えている釣り人も多く、それこそ自分の釣り人生を懸けるほどの勢いです。

釣りにかぎらず人生の中で全国大会へ出場した経験のある方はそれほど多くはないでしょう。ヘラブナという一魚種で全国大会が行なわれていることは、それだけ競技人口が多いことにほかなりません。全国大会規模ですと、予選会から合わせればのべ1000人を超えます。その頂点を目指すのですから、並たいていの腕では太刀打ちできないでしょう。全国大会を目指すような釣り人は、日頃から釣り技術の鍛錬は怠りませんし、常に勝つためにはどうするかを考えています。こういったトーナメントをメインに釣りをしている人を総称してトーナメンターと呼びます。

ビギナーがいきなりこのトーナメントの世界に飛び込むのは、無謀かもしれません。ですが、競うことが好きな方は積極的に参加してみてください。このトーナメントには独特の雰囲気があります。それを体験するだけでも価値があります。そして、トーナメントに出ると、自分の知らない考え方を知ることができますし、自分の実力も分かります。何も勝ち負けだけにこだわる必要はありません。トーナメントの雰囲気を楽しむだけで参加しても構わないのです。優勝へのハードルは高いですが、参加のハードルは低いので、ぜひチャレンジしてもらいたいものです。

そして、このトーナメントという「釣ることを極める研究」のなかから、流行の釣り方や新しい釣りが生まれてきます。ですからトップトーナメンターの釣りは、最先端の釣りになるのです。ヘラブナ釣りの基本的な釣り方は変わらずとも、ヘラブナは生き物ですから、年々釣り方の傾向は変わります。それをいち早くキャッチするのもトーナメンター達。彼らの釣りから学ぶことは多いのです。

Part.04

DVDで分かる釣り方別解説

ヘラブナ釣りには季節や状況によって多くの釣り方があります。代表的な釣り方をＤＶＤ連動解説で覚えましょう。

釣り方編
両ダンゴの宙釣り
（浅ダナ・チョウテン）

DVD 連動

両ダンゴの釣りとは……

両ダンゴ釣りとは2本のハリにダンゴエサを付けて釣る釣り方で、ヘラブナがダンゴエサを積極的に食ってくれる時期、おおよそ春から秋にかけて出番の多い釣り方です。釣り方によって、浅ダナ釣り、チョウチン釣り、底釣りと分けられますが、ここでは宙釣りに分類される浅ダナ釣りとチョウチン釣りを取り上げてみます。

両方のハリに付けるダンゴエサは、ヘラブナを寄せる役割と食わせる役割の2役を担うので、このダンゴエサのタッチ（硬軟）やエサの大小で反応の有無や食ったり食わなかったりが起こります。この正解エサを見つけるプロセスが両ダンゴ釣りの魅力で、エサさえ合えばイレパク状態になる面白さがあります。

また、魚の活性が高い時期でもあり、ウキの動きもダイナミックで、それこそウキが水中へ消えるように当たる〝消し込みアタリ〟で気持ちよく釣れます。また、エサに反応したヘラブナが寄ると、ウキがフワフワと動き（サワリ）、その動きと連動して食いアタリが出るという、ウキ釣りならではの面白さが味わえ、ヘラブナ釣りらしい動きで楽しめる点も魅力です。

両ダンゴの釣りで一番のポイントになるのは、エサをしっかりタナまで持たせること。エサがハリに残っていなければ釣れないので、これは最低条件となります。このしっかりエサが付いているかどうかは、ウキのナジミから判断します。設定したエサ落ち目盛りよりウキのトップが沈めばエサが付いている証拠（38～39頁「エサ落ち目盛りの決め方と役割」参照）。そしてトップ先端まで深くウキを沈めることが基本。つまり、トップ先端までウキが深く沈むことは、その分だけエサがハリに残っているから、ねらいのタナまでエサが届いている証しであるのです。

魚が寄っていない状態ではそのままウキは静止していますが、魚が寄るとウキに何かしらの動きが出ます。ヘラブナの寄りが多くなれば、自然とウキが力強く水中へ入るようなアタリが出るはずです。

ただ、少し動いた程度でウキが上がってきてしまう時は、エサ持ちが悪いのでエサの調整が必要となります。こういう場合は、エサを練って持たせるのが基本。これでしっかりエサが持てばアタリが出るはず。それで食ってくればOKですが、空振りが続くようなら、エサを少し軟らかくして食いやすくします。この繰り返しで釣っていくのが両ダンゴ釣りなのです。

両バリともにダンゴエサを付けて釣るのが両ダンゴ。

加須吉沼

●営業時間（年中無休）／4月～9月＝平日6:00～16:00、日曜5:30～15:30、10月～3月＝平日6:30～15:30、日曜6:00～15:00
●料金／平日1日1,000円、土日祝1日2,000円
●規定／サオ自由、タナ自由、生エサ禁止
●所在地／埼玉県加須市大字戸川851
●電話／TEL0480-61-0899

浅ダナ両ダンゴ

伊藤さんの仕掛け

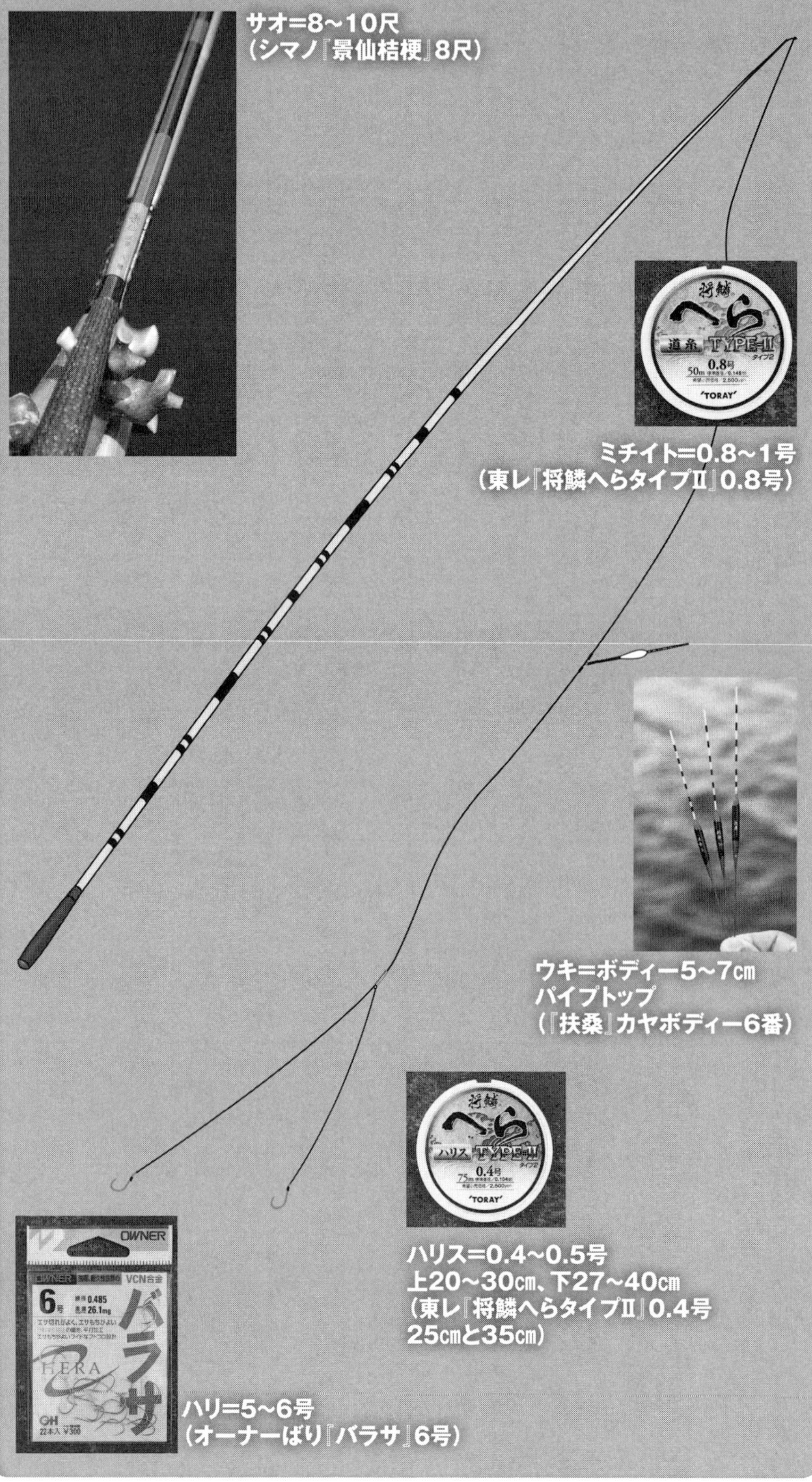

サオ=8〜10尺
（シマノ『景仙桔梗』8尺）
ミチイト=0.8〜1号
（東レ『将鱗へらタイプII』0.8号）
ウキ=ボディー5〜7㎝
パイプトップ
（『扶桑』カヤボディー6番）
ハリス=0.4〜0.5号
上20〜30㎝、下27〜40㎝
（東レ『将鱗へらタイプII』0.4号
25㎝と35㎝）
ハリ=5〜6号
（オーナーばり『バラサ』6号）
TORAY
OWNER
バラサ

基本セッティング

管理釣り場における浅ダナ（メーター）両ダンゴのセッティングは、サオは釣り場規定の最短（7尺や8尺）で充分ですが、魚の寄りが少ない時、混雑した時などは少し長めを出すとよいでしょう。

ミチイトはナイロンライン（伸縮するのでクッション効果がある）の0・8〜1号、ハリスはその半分の0・4〜0・5号を基準とします。魚が大きい、寄りが多いなどでライントラブルが起きるなら、もうワンランク太くします。

ハリはダンゴタイプ（フトコロが広い）の5〜6号で、魚が大きくてハリが広がってしまうようなら軸の太いものを使うとよいでしょう。

ウキはボディー5〜7㎝サイズのパイプトップ。エサを打ってなかなかウキが立たない時はサイズを上げる、ナジミ途中でサワリも出ず、すっとウキが沈んでしまう時は小さくしてみましょう。

また、ウキが立ってからの動きが少ない時や弱い時はハリスを長く、エサが持たない、なじんでいかない時はハリスを短くするのが基本といえます。

タックル図内のカッコで記している製品は伊藤さんが標準としているものなので、まずはこれを基準にスタートして、実際のウキの動きを見ながら調整していくとよいでしょう。ヘラブナに活性のある時期の釣りなので、どちらかといえば強め、大きめをチョイスするほうがベターといえます。

エサ作りとエサ使い

両ダンゴで使うダンゴエサは、麩エサに水を混ぜ合わせて作ります。エサ作りの項でも紹介していますが、このエサを混ぜる時は、まず指を開いて（熊手状に）大きくかき混ぜることが大切です。そうしないと、麩エサと水が均一に混じりません。粉っぽいところと水っぽいところがあるムラのあるエサは、使いにくいのです。そして、均一にかき混ぜた状態のエサを基エサとし、これを練ったり、手水を打ったりして調整しながら釣っていきます。

この時、エサをいじればいじるほど粘りが出るのが麩エサの特性なので、必要以上に手を加えるのはよくありません。そこで、基エサを半分に小分けして使うことをおすすめします。こうすると、手を加えていない基エサが手元に残るので、必要とあれば、いじったエサを完全ではないにしろ元に戻すこともできるのです。

できあがったエサをそのままハリに付けるのは難しいです。それは、できあがった状態のエサは、エアーを含んだ状態でまとまりにくいからです。そこで、手（指）の甲側で押すように練る〝押し練り〟をしてエアーを抜くようにします。これを何度か繰り返すと、エサがまとまってきます。

まずは指でつまんで丸めやすいぐらいの状態にしてみましょう。そして、この丸めたエサをハリに付けて打ってみます。トップ先端ぐらいまでウキが沈んでいけばエサはしっかり持っているのでOKです。ウキが沈まないようなら、もう少しエサを練ってエサ持ちをよくします。とにかく、エサがしっかり持つところからスタートしてください。しばらくエサを打って魚が寄ると、エサ持ちが悪くなります。そうしたらまたエサを練って持たせるようにします。

ただ、しっかり持つだけでは食いアタリにならないことがあります。そういう場合は、手水をしてエサを軟らかくして食いやすくします。この時、エサを軟らかくするとエサが持たなくなることがあります。そうしたら、またエサを練ります。このように、エサを練る、手水で軟らかくする……を繰り返しながら、食いアタリが出るベストなエサのタッチを探りつつ釣っていきます。

伊藤さんのおすすめブレンド

『カルネバ』200cc+『凄麩』200cc+
『バラケマッハ』200cc+水150cc

エサを混ぜる時は指を立てて大きくかき混ぜる。

混ぜただけのエサはエアーを含んだ状態。
これを"基エサ"と呼ぶ。

エサ持ちをよくするためにエサを練る。このように上から押すようにしてエアーを抜く作業を"押し練り"という。

エサを軟らかくする時には手を水に浸してから混ぜる。
これを"手水"と呼んでいる。

浅ダナ両ダンゴのエサの大きさの目安（原寸大）。

釣り方のコツ

浅ダナ両ダンゴ釣りの基本は、タナまでしっかりエサを持たせることで、タナにヘラを多く寄せて釣ります。ですから、必ずエサを持たせる、ウキを深くなじませることが必要となってきます。

ヘラブナがタナに多く集まってくれば、今度は競ってエサを食うようになるので、アタリ数も徐々に増えてきます。そうなるとリズムよく釣ることができ、このリズムがさらにヘラブナを寄せるという好循環につながります。こうして釣りが決まってくると、毎投のように釣り込めるのがこの釣りの最大の魅力です。繰り返しになりますが、数多く釣るには、タナにヘラブナを多く寄せること。つまり、エサをタナまで持たせることがその近道なのです。

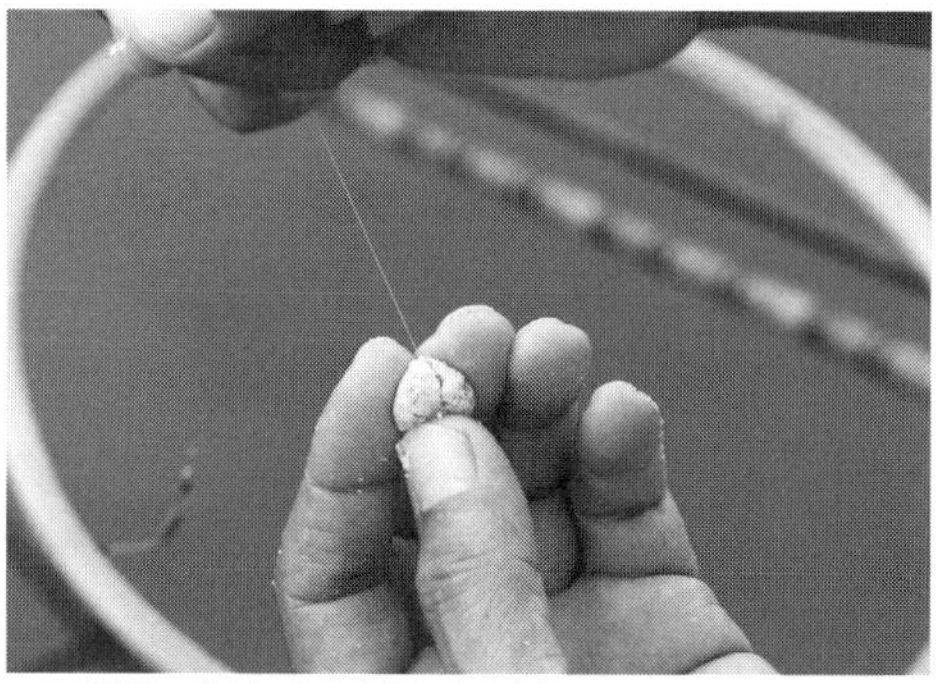

エサ付けはハリがエサの中心にくるように！

エサを打ち始めると次第に魚が寄り、ウキが動きます。魚の寄り始めは簡単に釣れることが多いです。難しくなるのは魚が寄ってから。魚がエサにアタックすれば、その分エサはバラけてしまいます。するとこれまでタナまで持っていたエサが持たなくなります。そこでエサを練って持たせる手直しをします。ただし、練りすぎてしまうと、今度はその粘りを嫌って空振りが増えたり、エサがまとまりすぎることで魚の反応が悪くなるのです（エサに興味を示さなくなる）。そうなったら今度は手水でエサを軟らかくしたり、基エサを足したりして開きを加える必要があります。そして、それが持たなくなったら、また練ってみる。この繰り返しで釣っていくのが両ダンゴ釣りの基本なのです。

DVDでは伊藤さんが、悪い例の実演も交えて分かりやすく解説しています。また、とても重要な振り込みについても触れているので、ぜひそちらを参考にしてください。

チョウチン両ダンゴ

伊藤さんの仕掛け

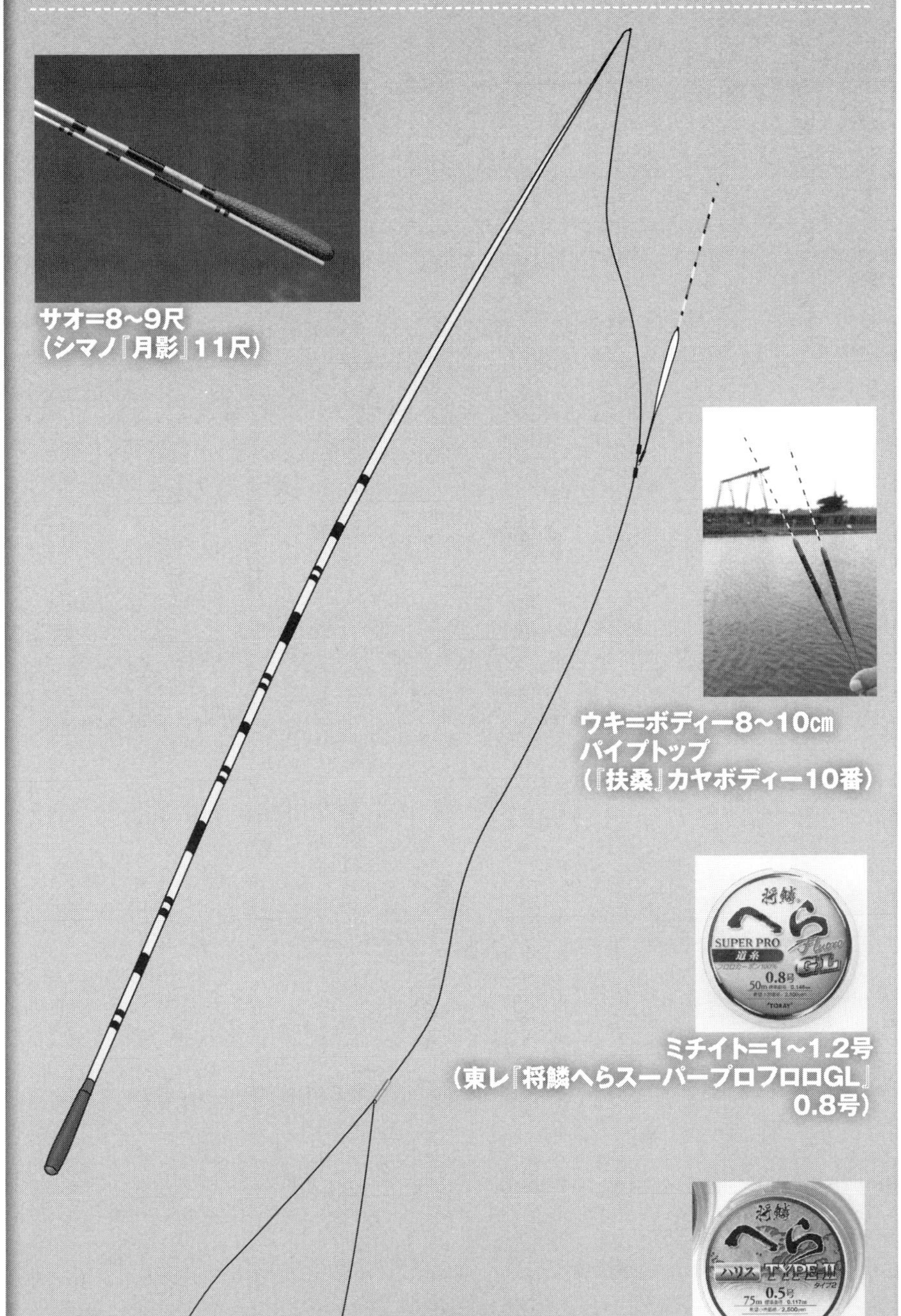
サオ=8~9尺
（シマノ『月影』11尺）
ウキ=ボディー8~10㎝
パイプトップ
（『扶桑』カヤボディー10番）
ミチイト=1~1.2号
（東レ『将鱗へらスーパープロフロロGL』
0.8号）
ハリス=0.5~0.6号
上40~55㎝、下50~70㎝
（東レ『将鱗へらタイプⅡ』0.5号
40㎝と50㎝）
ハリ=7~8号
（オーナーばり『バラサ』7号）

基本セッティング

チョウチン釣りとは、ウキの位置を穂先に近い（穂先からウキ1本強ぐらいの距離、ウキのトップ先端が穂先から出ない）位置にセットして、深いタナ（サオの長さと同じ）をねらう釣り方です。つまり、サオの長さが長ければ、それだけ深いタナを釣ることができます。

盛期の管理釣り場においては、規定最短のサオで充分な釣果が得られますので、8～9尺（釣り場によって6尺や7尺も可）があればOKです。また、長いサオを使って深場からヘラブナの引きを楽しむのもこの釣りの醍醐味ですので、好みで長いサオを選んでも構いません。

ミチイトは、浅ダナよりやや強めでナイロンなら1～1・2号。伸びの少ないフロロもおすすめです。ハリスはその半分の0・5～0・6号を基準とします。ハリスの長さは、50㎝を基準と考えましょう。

ハリは深いタナまで確実にエサを持たせるために、ダンゴタイプで大きめを使います。号数でいえば、7～8号をおすすめします。

ウキはボディー8～10㎝サイズのパイプトップが標準です。チョウチン釣りでは、ねらうタナまでゆっくりエサを入れるのではなく、ある程度のオモリ量でタナまで一気に落としますので、活性が高くてウキが立つまでに時間がかかる時は、ウキのサイズを大きくしていきます。

どちらかといえば、仕掛けは繊細さよりもトラブルを減らすことを重視します。

エサ作りとエサ使い

エサの作り方、基本的な使い方は浅ダナ両ダンゴとほぼ同じと考えてよいでしょう。水を入れてかき混ぜたエサを半分に小分けして使います。なぜなら、エサを調整していく過程で、軟らかくしすぎた、粘りすぎた場合は元に戻せるように、かき混ぜただけの状態の基エサを取っておく必要があるためです。

打ち始めは、手に水をつけて押し練るようにしてエアーを抜きながらエサがまとまるように調整します。このエサを両方のハリに付けてエサ打ちします。この時、ウキのトップ先端まで深くウキがなじめばOKですが、そうでない時は、もう少しエサを練ってください。まだ魚がいない打ち始めからエサが持たないようですと、魚が寄ってきた時には、まったくエサが持たないことになります。ねらいのタナに繰り返しエサを打ち続けることで、次第にヘラブナが寄ってくるので、しっかりとタナまでエサを届けることが大切なのです。とくに深いタナをねらうチョウチン釣りでは、非常に重要なことです。

両ダンゴは、ヘラブナを寄せて食わせるという2つの役割をひとつのエサで行ないます。ヘラブナを寄せるには、バラける必要がありますが、食わせるには、ハリにエサが残っていなければなりません。この相反する要素を、エサを軟らかくしたり、練ったりしながら、ヘラブナを寄せ、そして食わせるエサに調整するのです。これが両ダンゴのエサ合わせといわれるもので、これがピタリと決まると面白いように釣れる。これこそが、最大の醍醐味なのです。

伊藤さんのおすすめブレンド

『凄麸』400cc+『カルネバ』200cc+『バラケマッハ』200cc+水200cc

チョウチン両ダンゴのエサの大きさの目安。

釣り方のコツ

両ダンゴのチョウチン釣りのイメージは、大きめのウキ（オモリ量が多い）でねらいのタナまでオモリを一気に入れ、そのあとからゆっくり落下するエサでヘラブナの興味をひき、そしてそのエサを食わせる……という感じです。ポイントは、ヘラブナに落下するエサに興味を持たせること。そして〝興味〟を持たせるには、ハリスの長さが重要といえます。

基本的なこととして、ハリスが長いとエサの落下時間は長くなります。逆にハリスが短いと、落下時間も短くなります。この落下時間がアピール時間なのです。つまり、ヘラブナの食い気がある時は、それほどアピールする必要はなく、逆にちょっと食いが悪い時は、アピールする時間を長くして、食い気を誘うのです。

ただし、ハリスが長いとエサ持ちが悪くなります。このエサ持ちとハリスの長さの関係を考えてセッティングを調整していくのが、この釣りのポイント。そして、エサで対処するのか、ハリスの長さで対処するのかを考えます。

●エサが持たない場合
①エサを大きく付ける
②エサを練る
③ハリスを詰める

●エサが持ちすぎる
①エサを小さくする
②軟らかくする
③ハリスを長くする

このように、エサでもハリスの長さでも対処できるのですが、その日によって正解はひとつであったり、いくつもあったりします。それをひとつずつ確認していくことが重要なので、同時にいくつかの対処を行なってしまうと、どれが良くてどれが悪いのかが分からなくなるで、注意しましょう。

そして、サワリがありながら深くなじんだ所で当たると力強いアタリが出ます。この強いアタリが毎回出るように必ずウキを深くなじませることを意識します。

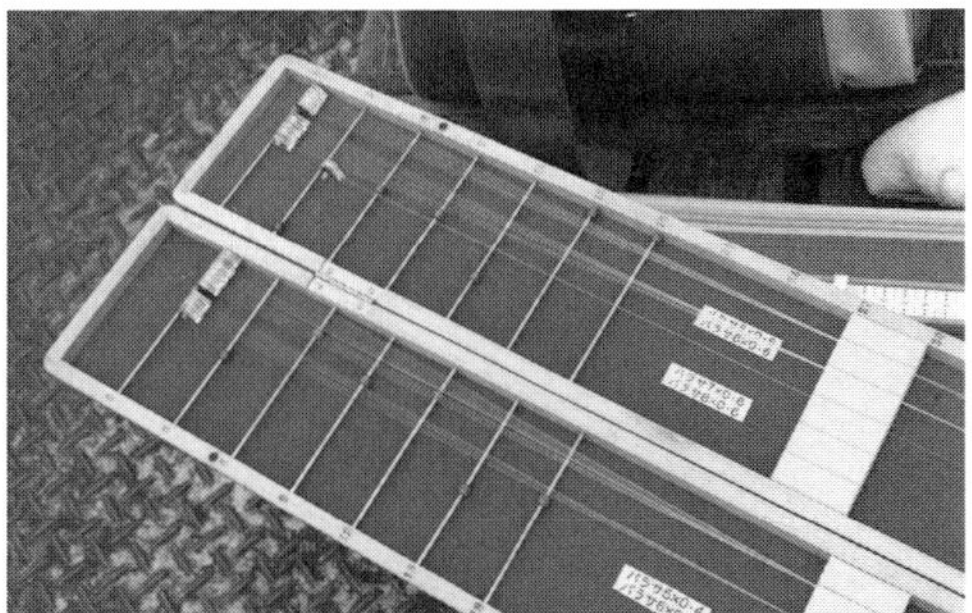
ハリスの長さ調整も重要。

釣り方編

ウドンセット釣り（浅ダナ・チョウチン）

ウドンセット釣りとは……

　セット釣りとは、ヘラブナを寄せるバラケエサと、食わせるためのクワセエサに役割を分担させて釣る釣り方です。冬場や混雑などで食いが渋った時に出番が多くなります。そのなかでも、クワセエサにウドン（『感嘆』などのインスタントウドンや『力玉』など）を使った釣りをウドンセットと呼びます。

　活性が落ちたヘラブナは、エサをあまり追いかけなくなります。夏場、両ダンゴを積極的に食っていたの時とは違い、バラけた粒子をあまり動かずに吸い込むだけになります。そこで、ハリスの段差を大きく取り、活性の低いヘラが吸い込んでいる粒子にクワセエサを同調させて食わせてしまおうというのがウドンセット釣りの仕組みです。言い換えれば、粒子に紛れ込ませたウドンを誤飲させる釣りといえます。

　ウドンセットは管理釣り場では一般的な釣り方です。季節的には、10月ぐらいから4月ぐらいがメインの釣りですが、いまでは一年中通用する釣り方でもあります。それは多くの釣り人に攻められることで、警戒心が強いヘラブナが多くなっているからです。警戒心が強いということは、簡単にエサに近づいてこないことを意味します。だからセット釣りとなるのです。空いている平日ならともかく、例会などで混雑する日曜日などは、よりいっそうヘラブナが寄りにくくなるので、必然的にセット釣りの出番が増えるわけです。

　同じウドンセットでもねらうタナの違いで、浅ダナとチョウチンがありますので、順を追って解説します。

上バリにバラケ、下バリにクワセを付ける釣り方をウドンセットという。

三和新池

●営業時間（年中無休）／4～9月6:00～15:30　10～3月6:30～15:30
●料金／1日2,000円（シニア割引あり）、女性・ジュニア1,000円
●規定／サオ＝8～19尺　タナ＝第1オモリ上部よりウキ止めゴムまで1m以上　エサ＝オカメ禁止
●所在地／茨城県古河市尾崎568
●電話／TEL0280-76-4440

浅ダナウドンセット

基本セッティング

基本的には渋い時の釣りですから、少しでもウキを動かすために、ある程度の繊細さ、軽さを必要とします。ラインは細く、ウキやハリは軽くというライトなセッティングが求められます。

まず、サオの長さですが、空いている時は8尺や9尺の短いもので構いませんが、混雑したり、隣の人とサオの長さを並べないようにする場合は、少し長い10尺や11尺を用意します。また、同じ所にできるだけ正確にエサを打ち続ける必要があるので、振り込みやすいタイプのサオを選ぶことも重要です。

ラインは、ミチイト・ハリスともに細仕掛けになります。ミチイトなら0・6～0・8号、ハリスはその半分の0・3～0・4号。この時期は風が吹くことも多く、太いラインでは風をはらんだりします。また、流れが出ていることもあるので、ミチイトを沈める必要があります。そのためにも、あまり太いと沈みが悪いので注意が必要です。いずれにしても細いほうがメリットは多いのですが、その分ライントラブルが増える可能性もあります。ですから極端な細仕掛けにする必要はなく、先に挙げた号数の範囲で安心して使えるものを選びます。

ハリスの長さについては、バラケを付ける上ハリスは6～8cmと短めです。それはこのバラケエサを食わせるわけではないからです。肝心なのは下ハリスの長さ。上ハリスとの距離をある程度取る必要がありますので、段差が広くなります。考え方としては、ヘラブナがバラケエサに近づきやすい（活性がある）時は短め、その逆に活性が低く、バラケエサに近づかない時は長くなります。おおよその目安ですが、30～50cmというのが一般的です。

続いてハリは、バラケエサを付ける上バリと、クワセエサを付ける下バリの2種類が必要です。上バリはダンゴエサで使うようなフトコロの広いタイプで大きさの目安は5～7号。下バリはクワセのウドンが取れにくく刺しやすい形状をしたクワセタイプの2～3号。ハリが大きいと吸い込んでくれませんので、アタリが出ない時はハリを小さくする……と覚えておきましょう。

最後にウキですが、サイズが小さいウキのほうが動きが出やすいので、あまり大きなウキは使いません。ボディーサイズ5cm前後が目安で、その日の状況

により、ワンサイズ（0・5㎜または1㎝）上下させればよいでしょう。トップの素材はパイプトップが基本ですが、渋い状況での釣りですので、細めのパイプトップがベターです。

エサ落ち目盛り

ウキのエサ落ち目盛りは、クワセのウドンを付けた状態で決めます。これは、バラケエサが抜けた状態でアタリを待つので、この時にクワセのウドンが付いているか、取れてしまったのかを判断するためです。通常は、エサが付いていない状態のエサ落ちを確認し、クワセエサを付けた状態の目盛りを確認します。バラケが抜けた状態で待つので、この時に余計な動きを出さないよう、トップ先端3目盛りぐらいでエサ落ちを設定するとよいでしょう。

伊藤さんの仕掛け

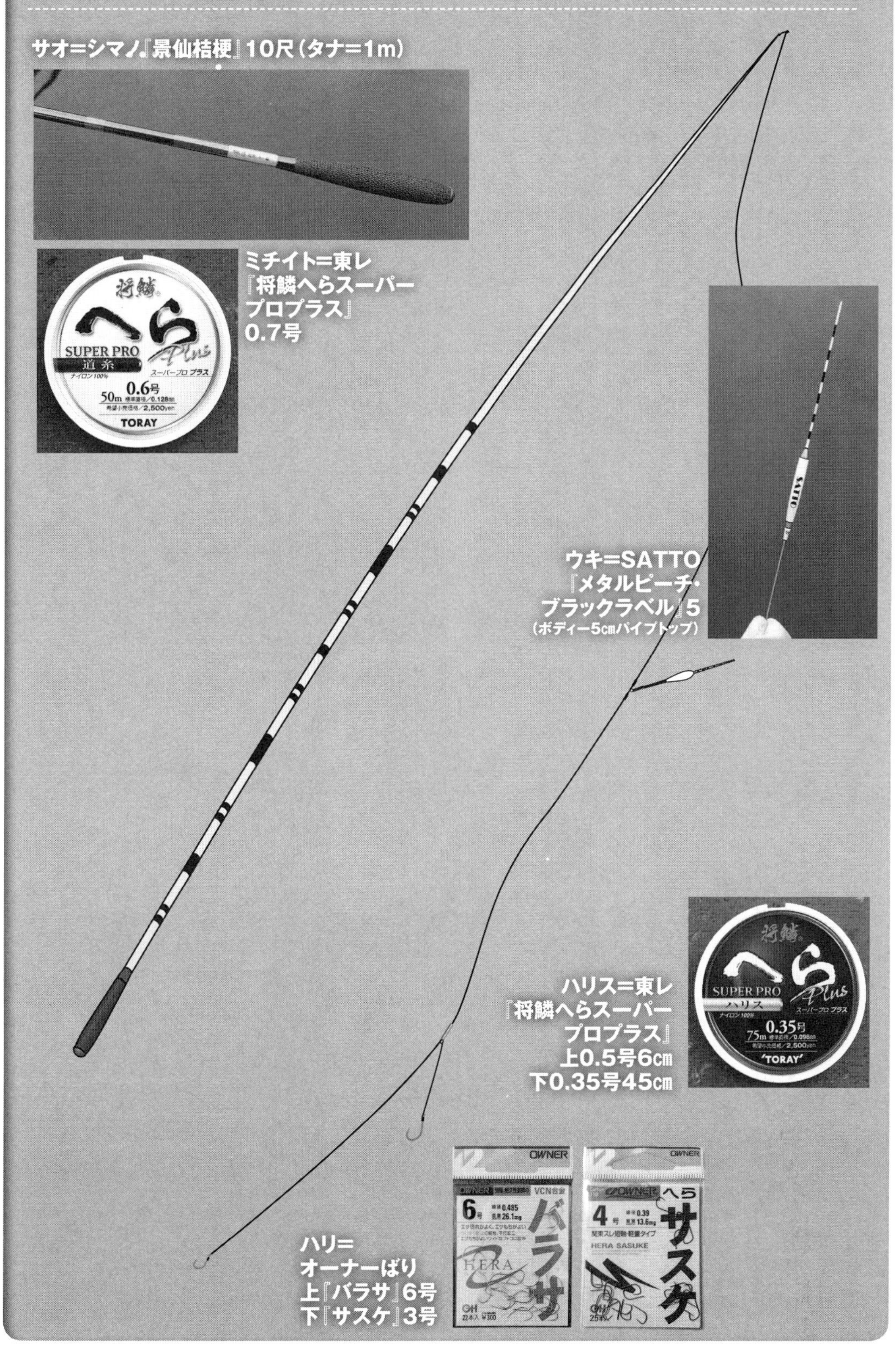

サオ＝シマノ『景仙桔梗』10尺（タナ＝1m）
ミチイト＝東レ『将鱗へらスーパープロプラス』0.7号
ウキ＝SATTO『メタルピーチ・ブラックラベル』5（ボディー5㎝パイプトップ）
ハリス＝東レ『将鱗へらスーパープロプラス』上0.5号6㎝ 下0.35号45㎝
ハリ＝オーナーばり 上『バラサ』6号 下『サスケ』3号

エサ作りとエサ使い

バラケエサを作る時に注意したいのが、しっかり水を吸水させることと、均一になるようにしっかり混ぜることです。寒い時期は、水の吸水が遅くなりますので、時間をかけてください。特に『粒戦』などのペレットの粒は、麩エサにくらべて吸水しにくいので、先に水で溶かすようにします。

また、エサを混ぜる時は指を大きく開いて混ぜます。バラケエサですから、練るのではなく大きくかき混ぜるだけで大丈夫です。そして、この混ぜただけのエサを基エサとし、これを小分けして使用します。基エサは一番バラける状態で、そのままではハリにエサが付けにくいはずです。手水や手もみで調整しながら丸めやすくします。この時、練りすぎるとエサがバラけなくなりますので注意が必要です。最初は、手水でのかき混ぜを何度か繰り返して、自然に出る粘りを利用するようにしましょう。

バラケエサの役目は、ヘラブナを寄せることです。そのためには言葉どおりバラける（開く）エサにしなければなりません。ブレンドするエサには、重さ、開き、集魚、まとまりという要素が必要です。具体的なブレンドは伊藤さんのおすすめを参考にしてください。

伊藤さんのおすすめバラケブレンド

『粒戦』50cc
『とろスイミー』50cc
水150cc
（7～8分放置）
『セットアップ』200cc
『サナギパワー』100cc

原寸大

バラケエサの大きさの目安

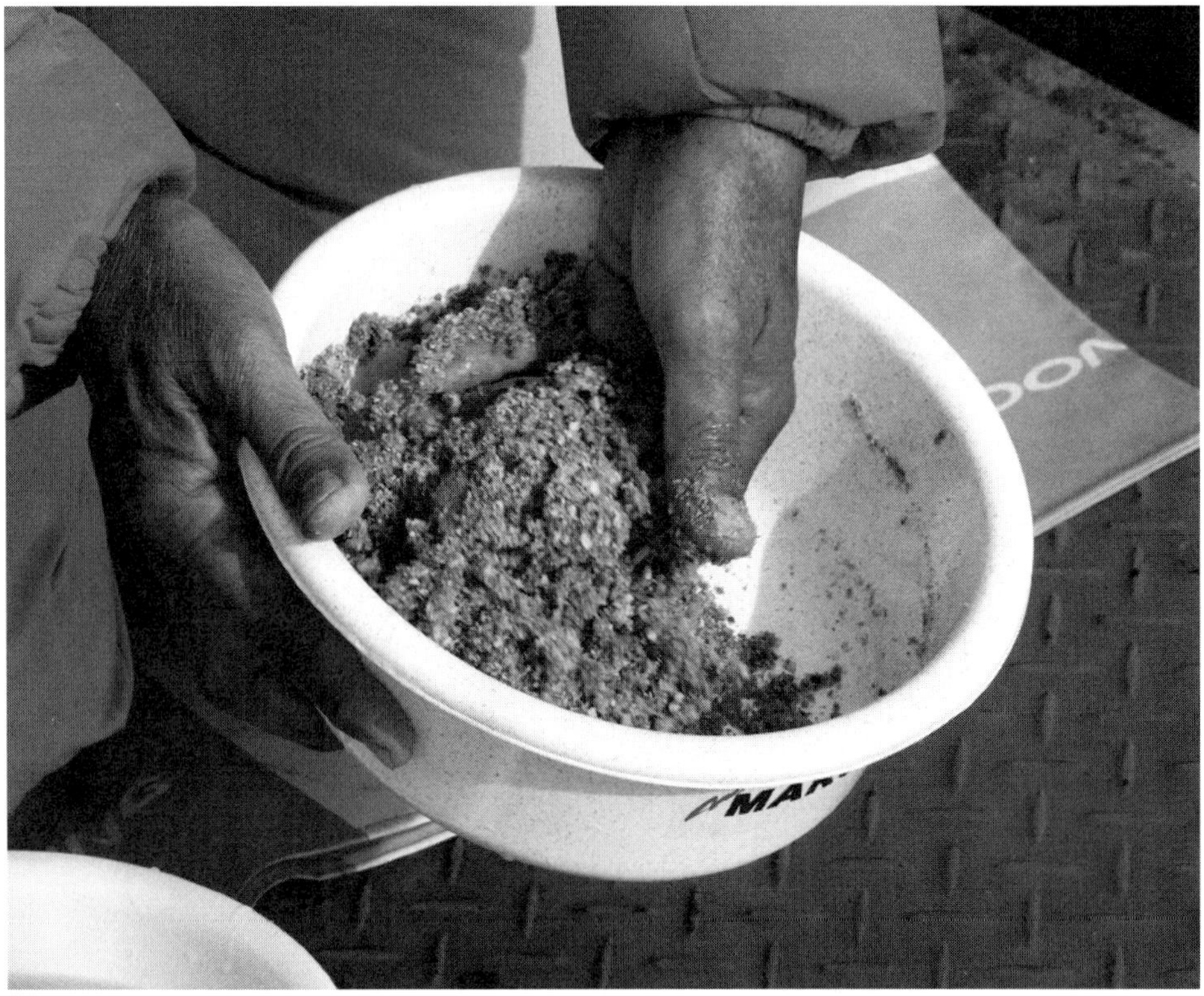

バラケエサを作る時のポイントは水を吸水させる時間をおくことと、全体を大きくかき混ぜること。

バラケエサのエサ付け方法はDVDでチェックしよう。

クワセエサは『感嘆』などのインスタントウドンや『力玉』（さなぎ粉漬け）など、数種類を使い分ける。

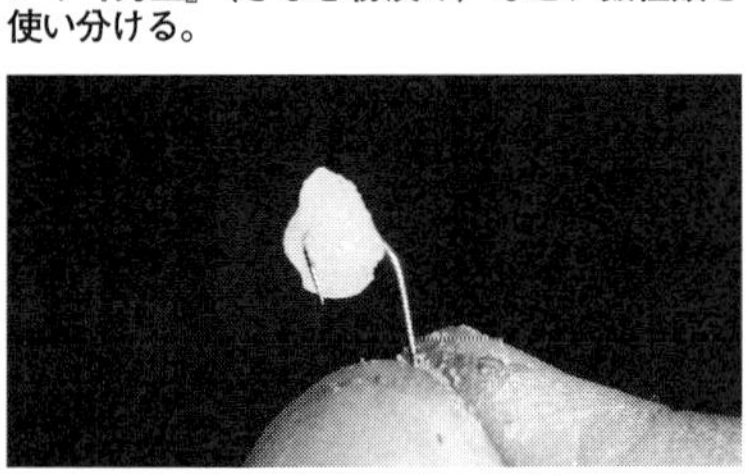

クワセエサはハリ先が出るように付ける。

釣り方のコツ

バラケエサの重みでトップ先端近くまでなじませます。そしてなじんだところでバラケが抜けはじめ、フワッとウキが返してきます。バラケエサが抜けてクワセエサだけになった状態から強いアタリが出るというのが、基本的なウキの動きです。

冒頭で触れましたが、バラケエサで寄せてクワセエサを食わせるのがセット釣りですが、ただエサがバラけているだけでは、ヘラブナの寄りが分散されて思うように釣れてくれません。まずはエサを同じ場所へ打つようにして、ヘラブナの寄りを集中させます。

そしてこの時、バラケエサのナジミ幅を必ず出すようにします。バラけやすいエサですので、ハリから抜けてしまうこともありますが、そうならないように注意します。なぜかといえば、ヘラブナをクワセエサのほうに誘導しなければ、アタリが出ないからです。クワセエサは、バラケエサから30㎝以上深いところに位置します。ここにヘラブナを寄せるには、バラケエサをこのタナ近くまで持たせなければなりません。もし、エサが途中で取れてしまったら、魚はどんどん上層にあがってしまい、肝心のクワセエサがある位置はもぬけの殻になってしまうので要注意です。

なじんだバラケエサがバラけると、そこへゆっくりとヘラブナが近づいてきます。このゆっくり近づくヘラブナの動きに合わせて、クワセエサが落下するタイミングを合わせていきます。このタイミングを合わせる役割を担うのがハリスの長さといえます。魚の動きが遅ければその分ハリスを長くする。またはその逆というのが、セッティングを合わせるコツです。

ポイントとなるのは、アタリが出るか出ないかの見極めです。サワリがあれば、アタリが出る可能性があるので待ちますが、ウキにサワリなどがない場合は、待つことなく打ち返します。クワセエサが付いていることから、ついついアタリが出るまで待ってしまいがちですが、ある程度テンポよくエサ打ちを繰り返すことも大切ですので、無駄に待ちすぎないようにしましょう。

もうひとつ、アタリが出るか出ないかを見極めるポイントとして〝あおり〟という動きがあります。これはクワセエサの近くにヘラブナがいる場合、水流などのあおりでエサ落ち目盛りより下の目盛りが水面に出ることがあります。この時は、アタリが出る前触れと考えます。このあおりのあとに出るアタリはヒット率が高いので、たとえ小さなアタリでも積極的に合わせましょう。

ただし、このエサ落ち目盛りの下の目盛りは、クワセエサがハリから抜けた時にも出ますので、勘違いしないように注意しましょう。

チョウチンウドンセット

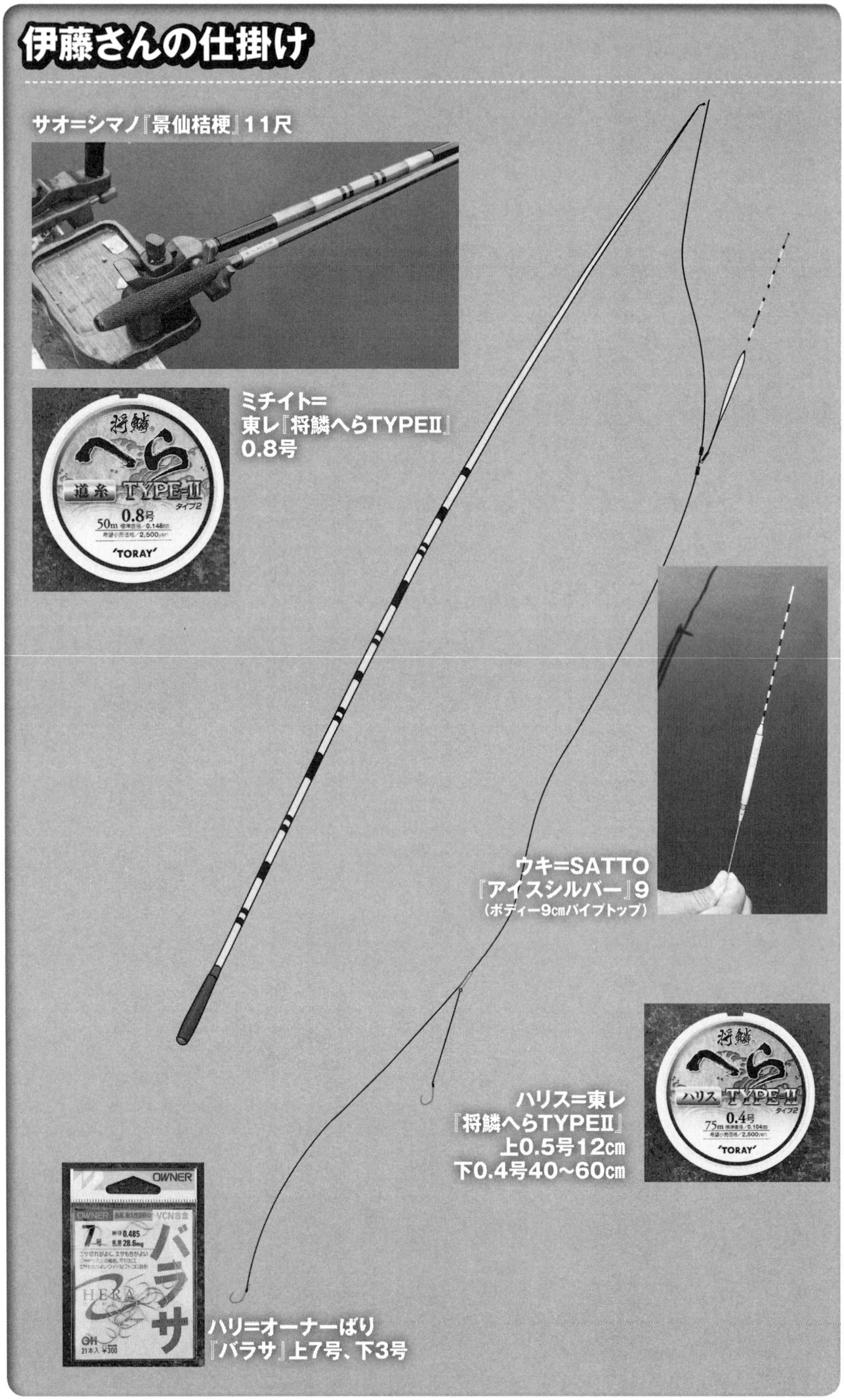
伊藤さんの仕掛け
サオ=シマノ『景仙桔梗』11尺
ミチイト=
東レ『将鱗へらTYPEⅡ』
0.8号
ウキ=SATTO
『アイスシルバー』9
（ボディー9㎝パイプトップ）
ハリス=東レ
『将鱗へらTYPEⅡ』
上0.5号12㎝
下0.4号40～60㎝
ハリ=オーナーばり
『バラサ』上7号、下3号

基本セッティング

まず、サオの長さですが、ある程度活性のある秋や春は、8尺や9尺の短いもので構いません。ただ、真冬の厳寒期は、ヘラブナが深いタナでじっとしていることが多いので、12尺前後のサオが必要になります。

ラインは、極端に太くなく、かといって細すぎない標準的なものでよいでしょう。ミチイトは0・8号、ハリスは上が0・5号、下が0・4号が基準です。上下のハリスの号数を変えるのは、ハリス絡みを防止するためです。上ハリスは10～12㎝で固定し、下ハリスは活性が高い時は45㎝前後、渋い時は60㎝前後を基準とします。

上バリはバラケエサをしっかり持たせるために大きめの7号。もしエサをうまく持たせられない場合は、8号でも構いません。下バリは2～3号を使います。

ウキはボディー7～10㎝サイズのパイプトップを使います。基本はバラケエサをしっかりタナに入れて釣っていくので雨緑のあるパイプトップが向いているのです。

エサ作りとエサ使い

バラケエサの作り方は浅ダナウドンセットと同じです。『粒戦』、『とろスイミー』といった吸水に時間がかかるエサを先に水で溶きます。10分ほどおいてから残りの麩エサを入れてムラができないように大きくかき混ぜます。使う時は、基エサを小分けして手水でかき混ぜ、丸めやすいようにしっとりさせます。繰り返しになりますが、この時に練りすぎないように注意します。

バラケエサのタッチの基本は、渋ければ渋いほどボソ（水気が少ないボソボソとしたもの）、活性があり、バラケエサへの反応がよい時は、ヤワ（ダンゴタッチ）になるのが大まかな傾向です。

クワセエサは、色々なものが市販されています。重さや形状、色が違います。その日の状況によってアタリがよく出るものがありますので、釣りながら色々試していきましょう。アタリ数が多ければ、そのクワセエサが正解と考えます。

伊藤さんのおすすめバラケブレンド

『粒戦』50cc
『とろスイミー』50cc
水150cc
（約10分放置）
『セットアップ』200cc
『GTS』200cc

原寸大

バラケエサの大きさの目安

クワセエサ

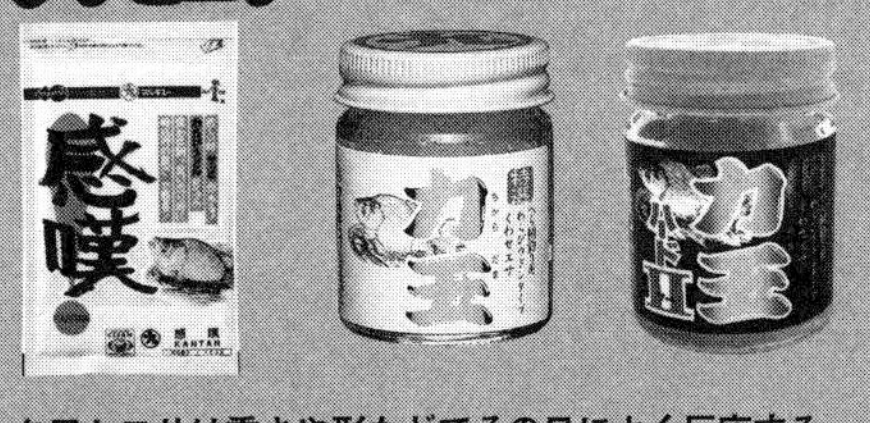

クワセエサは重さや形などでその日によく反応するエサがあるので、色々なものを試してみよう。

釣り方のコツ

バラケエサの重さでウキをしっかりなじませるのは、浅ダナと同じです。ただ、浅ダナとくらべ、なじませたところからゆっくりウキが戻るようにします。チョウチン釣りは、タナにヘラブナを凝縮させたいので、タナへ届けるエサ量を多くします。魚が集まって時合ができてくるとバラケエサが付いている状態でアタリが出ることもあります。そのよい状態をキープするためにも、しっかりバラケエサをなじませて釣っていくことが大切なのです。

バラケエサをしっかり持たせるためには、エサ付けが重要といえます。エサのセンターにハリを入れることはもちろんですが、エサ付け時の圧の掛け方でもエサの持ち方が変わってきます。

まずは、自分なりの付け方でエサを打ってみましょう。そのエサ付けでウキのトップ先端ぐらいまでなじめばOKです。もしなじまない時は、エサ付けの際にギュッと押すように圧を掛けます。この圧の加減でナジミ幅を調整します。

魚が寄ってきてナジミ幅が少なくなることもあります。この時も同じように圧を強くします。逆に魚が少なくてウキが沈没するようなら、圧を弱めて集魚力を高めます。このようにして常にナジミ幅をコントロールします。

DVD
連動

釣り方編

バランスの底釣り

バランスの底釣りとは

　エサを底に着けて釣る釣り方を総称して底釣りと呼びますが、そのなかで2本のハリ両方のエサを底に着けて釣るスタイルをバランスの底釣りといいます。

　ヘラブナが底もしくは底近辺に多くいる時に有効な釣り方で、新ベラ放流が行なわれる秋、水温低下で活性が落ちて底近辺にヘラが落ち着く冬、そこから水温上昇にともない底をつたって浅いほうへ移動する春など、出番の多い釣り方です。

　また、季節に関係なく、底釣りが強い傾向の池、水深が浅い池、魚の数が少ない野池なども底釣りが効く傾向にあります。いずれにしても両方のエサを底に着けることで、底にヘラブナを呼び込むことができ、安定した釣果が期待できるのが、バランスの底釣りの強み。釣りが決まれば大釣りが可能なのところも魅力のひとつです。

　さらに、底釣り独特のウキの動きが釣り人を魅了し、この釣りしかやらないというコアなファンがいるのも事実です。サワリ、アタリなども比較的小さく、それこそウキの黒帯程度の幅の動きが食いアタリであることもあり、そのアタリで釣れた時などは、ひとり悦に入ってしまうものです。このように釣り人をひきつける面白さがあるのも、底釣りの醍醐味です。

バランスの底釣り 釣り方イメージ

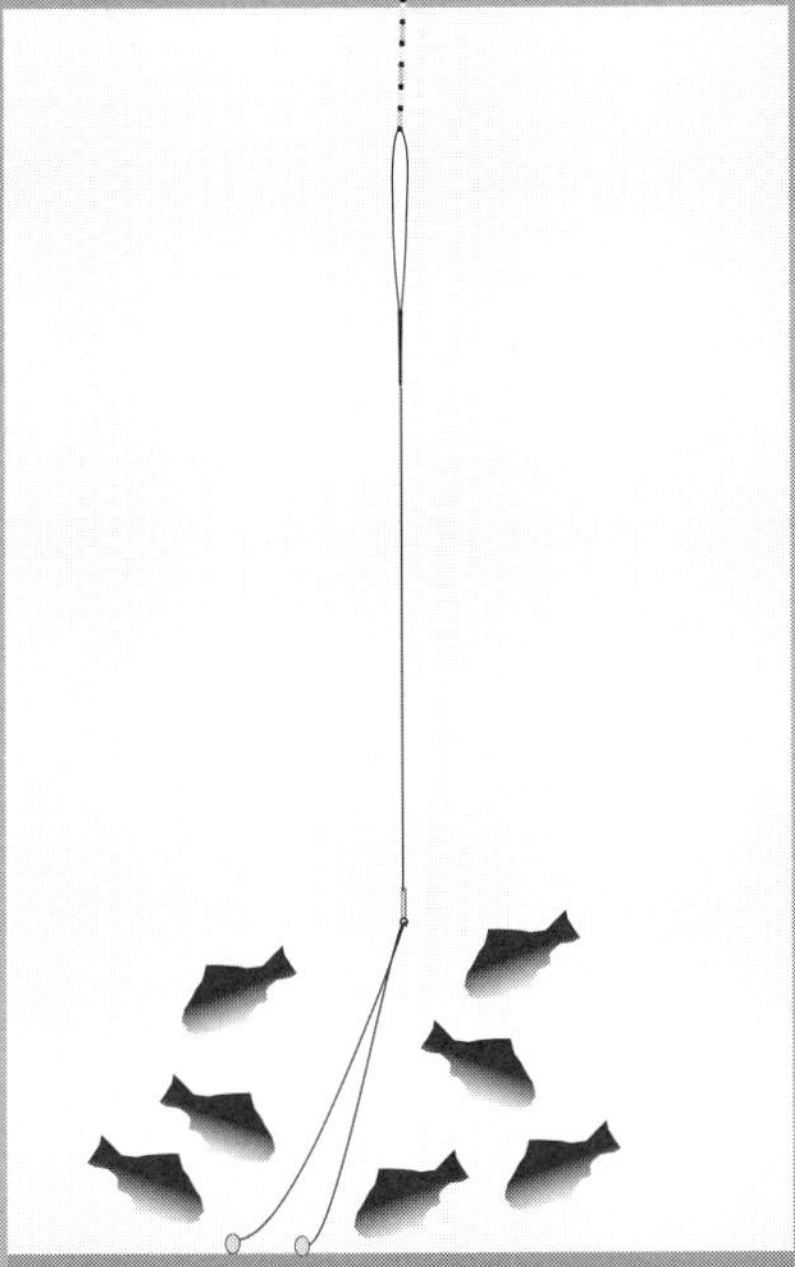

両方のエサを底に着けて釣るのがバランスの底釣り。

タナ取り

　底釣りでは釣りを始める前に水深を測るタナ取りという作業を行ないます。これはエサを確実に底に着けるために必要な作業であり、最初に決めたこのタナが釣っていく際の基準となるので、慎重かつ丁寧に行ないます。

手順

①宙釣りの状態でのエサ落ちを決める（全9目盛り中6目盛り出し）

②シンカーゴム（タナ取りゴム）に両バリを刺してエサ打ちする場所へ打ち込み、ウキのトップ先端1目盛りが水面に出る位置にウキを動かす。ウキが水中に潜るようならウキの位置を穂先方向に上げ、ウキが水面に出すぎているようなら逆に下げる。

③ミチイトに付けたトンボ（目印）をウキのトップ先端1目盛りの位置にずらす。この位置が基準の水深になる。この時に左右、沖、手前の水深も確認しておくこと。右が浅い、手前が深いなどを把握しておくと、実釣時に役立つ（ナジミ幅の項で解説）。

④このトンボに宙釣り状態で決めたエサ落ち目盛りが合うようにウキを動かす。この位置が上バリトントンといわれるタナ。

⑤上バリトントンの位置から2～3㎝ウキを上にずらす。こうすると確実にエサが底に着く。

⑥エサを付けない状態で打ってみる。この時水面に出るトップの目盛りが底釣りでのエサ落ち目盛り。ハリが底に着くと、ハリの重さが加わらないので、6目盛りより下の7目盛り目がチラっと見えるようになる。もしこの目盛りが出ない時は、ハリが底に着いていない、あるいはエサ落ち目盛りが変わってしまったなどが考えられる。

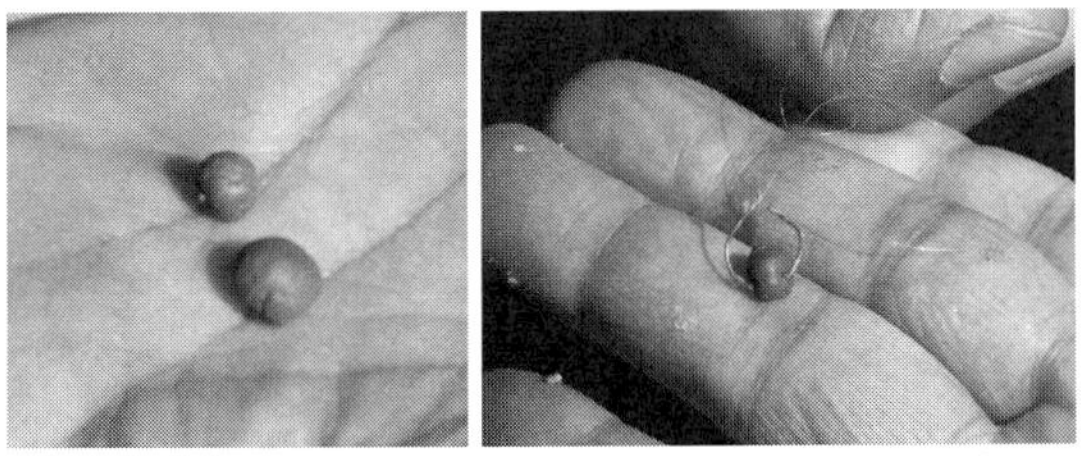

タナ取りゴム（シンカーゴム）は大きさで重さを変えられるものが便利。ウキがゆっくり沈む大きさに調整しよう。水深を測る時は両バリを刺す。

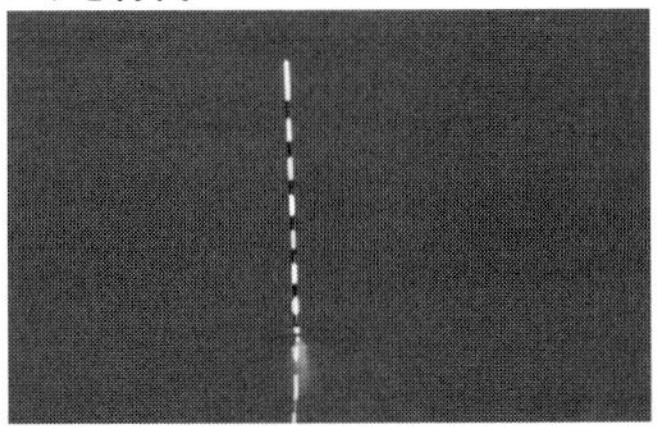

タナを決めたあとでエサを付けないで打つと宙釣りで決めたエサ落ち目盛りより少し多く水面に出る。これが底釣りのエサ落ち目盛り。

伊藤さんの仕掛け

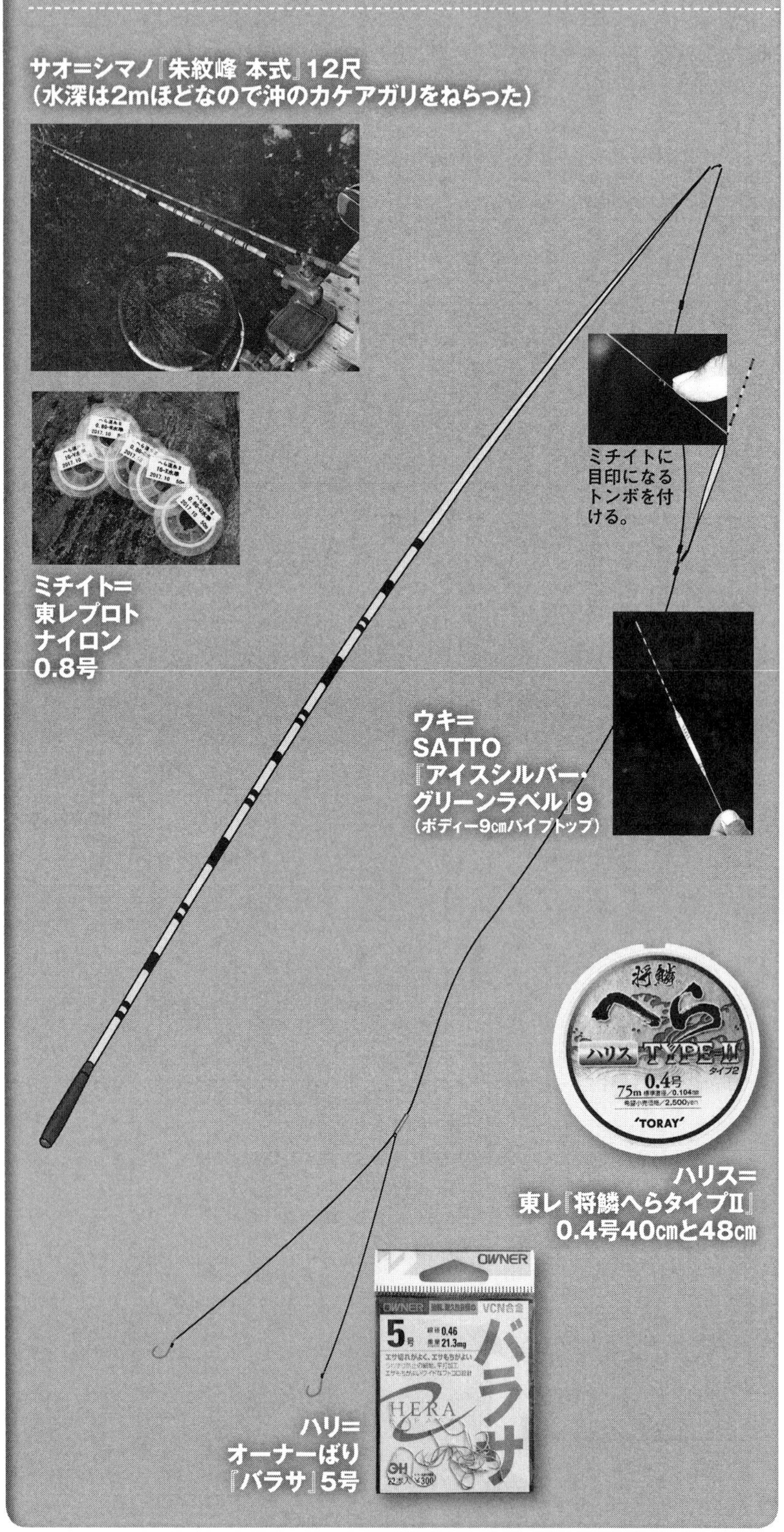
サオ=シマノ『朱紋峰 本式』12尺
(水深は2mほどなので沖のカケアガリをねらった)
ミチイトに目印になるトンボを付ける。
ミチイト=東レプロトナイロン0.8号
ウキ=SATTO『アイスシルバー・グリーンラベル』9
(ボディー9㎝パイプトップ)
ハリス=東レ『将鱗へらタイプII』0.4号40㎝と48㎝
ハリ=オーナーばり『バラサ』5号

基本セッティング

　底釣りのセッティングでまず注意したいのがサオの長さです。ウキの位置が穂先に近いところでタナが取れるほうが同じ位置にエサを打ちやすいのでよいのですが、あまり近すぎるとウキを引っ張ってしまうので、少なくともウキの長さプラス20㎝ぐらいの余裕を残してタナが取れると釣りやすくなります。穂先からウキまでの間の余裕は、ウキをずらしてタナを変える場合も想定しておきましょう。これを考慮して水深に合わせたサオの長さを選びます。また、沖をねらうことで型が揃う、数が釣れることもあるので、そんな場合は、池規定最長の長さのサオをだします。

　次にウキの大きさ。水深や魚の量によってサイズを選びますが、あまり小さいウキはNGです。まず底まで確実にエサを届けられるオモリを背負うウキを選びます。ウキが立ちにくい、エサ持ちが悪い時などは要注意で、ウキのサイズが小さい場合に起こりやすい現象です。また、スムーズになじみ、返しの動きが出て当たるという底釣りの基本的な動きが出やすいウキ形状も重要です。底釣り用とうたわれている細いボディーのウキを使うことをおすすめします。

　ライン、ハリの目安は、ミチイト0・8〜1号、ハリスはその半分である0・4〜0・5号。長さは40㎝前後が一般的です。段差は6〜10㎝ぐらい取り、底の地形がフラットな時は狭く、変化が大きい時は広くします。素材はナイロンでも問題ないのですが、ラインの収縮によってタナがズレることもありますので、伸び縮みの少ないフロロカーボンラインもおすすめです。ハリはダンゴタイプの4〜6号が基準となります。食いが渋ければ小さく、エサ持ちが悪ければ大きくが基本です。

エサ作りとエサ使い

バランスの底釣りで使うエサは一般的には、両ダンゴ、両グルテン、バラケとグルテンセットの3種類です。どちらかといえば、底にいる魚を釣る釣りなので、寄せることより食わせることを重視します。ゆえに、エサは小さめ軟らかめが基本となります。

エサの選択は、状況が分からない時は、グルテンセットから始めるとよいでしょう。魚が底にいて寄せる必要がない時は両グルテンで食わせることに専念。食い気が強い時は重いエサの両ダンゴにスイッチすればよいでしょう。

エサブレンドの考え方は、エサが確実に持たなければアタリが出ないので、底にエサを溜めるための重さとエサ持ちのための粘りが必要となります。底釣り用とうたっているエサは、素材や配合が工夫され、そのように作られています。

できあがったばかりのエサは少し軟らかく感じますが、時間が経つとエサが締まってきますので、少しおいてから打ち始めるようにします。

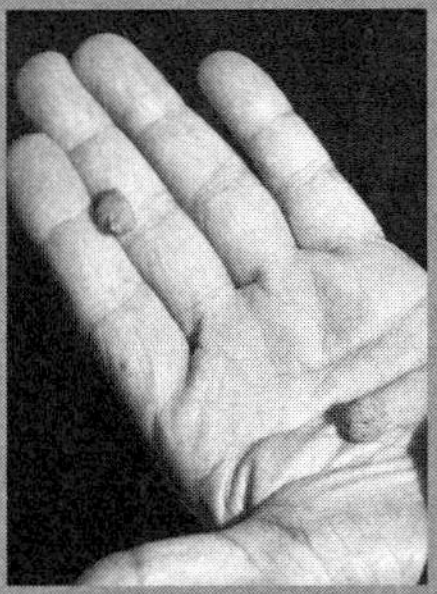
両ダンゴ

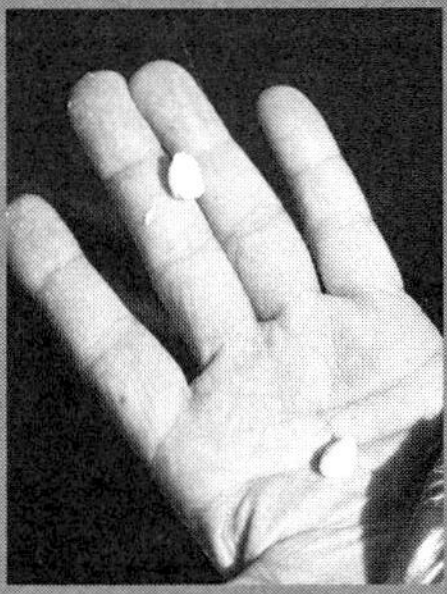
両グルテン

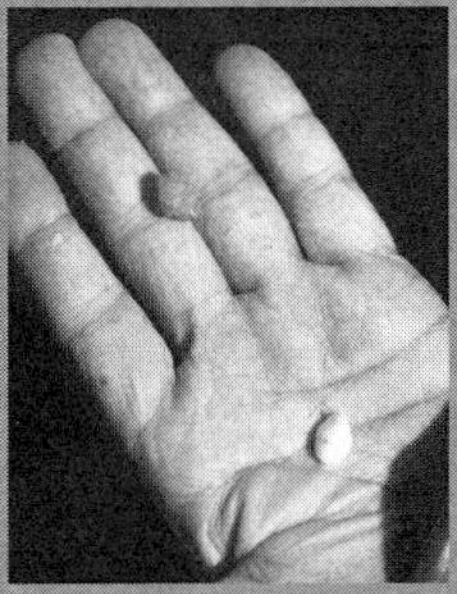
グルテンセット

セット釣りなら、上バリにダンゴ・バラケエサ、下バリにクワセのグルテンを付ける。ダンゴ・バラケエサを両バリに付ければ両ダンゴ、クワセのグルテンを両バリに付ければ両グルテンとなる。

伊藤さんのオススメエサ

ダンゴ・バラケ＝『ダンゴの底釣り冬』100cc＋『バラケマッハ』100cc＋水100cc
クワセ＝『グルテン四季』25cc＋『わたグル』25cc（50ccカップを使用し、『グルテン四季』と『わたグル』を半々に入れる）＋水50cc

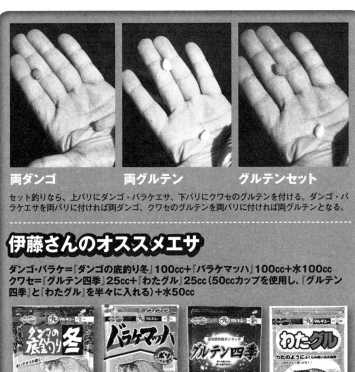

新治堰

●営業時間／4～9月6時～16時　10～3月6時半～15時半　●料金／平日1日1,500円、土日祝日1日2,000円　●定休日／年中無休　●規定／サオ8～18尺まで。ウキ止めゴムから第1オモリまで1m以上　●所在地／千葉県茂原市上太田631　●電話／TEL0475-34-2710

底釣りのナジミ幅

エサを付けて打ち込むと、通常はウキにナジミが出ます。底にエサが着くのでナジミ幅は出ないと思うかもしれませんが、エサはウキの真下にあるわけではなく、少し沖に着底します。この時、エサに引っ張られることでウキにナジミ幅が出るのですが、底釣りではこのナジミ幅が非常に重要なポイントになります。

それは、このナジミ幅の増減で様々な状況を把握することができるからです。それゆえに、打ち始めの状態で何目盛りなじんだのかを覚えておく必要があります。通常の場合、3～5目盛りはなじむはずなので、それより多くなったり少なくなったりした時は、何かが起きていると判断して対処します。

ナジミ幅が多い場合、次のことが考えられます。

①ハリスが絡んでいる場合＝ハリスが絡むことでハリスが短くなった状態になるのでナジミ幅が多くなります。

②極端に沖へ打ちすぎた場合＝タナ取りをした位置より極端に沖へ振り込むと、その分エサに引っ張られるのでナジミ幅が多くなります。

③深いところへエサが入った場合＝底の状態が真っ平らな釣り場はほとんどありません。多少の凸凹はつきものです。また、タナ取りの項で触れた、左右、沖、手前の水深を確認しておくことが、ここで生きてきます。タナ取りした位置とくらべて深いほうへエサを打てば当然ナジミ幅が多くなります。これを深いほうへ打ったからと分かっているのと、何でだろう？　と疑問が浮かぶのでは大き差になるでしょう。

④底が掘れた場合＝しばらく釣り続けると、底にあった堆積物などが取り除かれて、タナ取りした状態よりも水深が深くなることがあります。

逆にナジミ幅が少ない場合は、どうでしょうか？

①エサが持っていない場合＝エサ持ちが悪ければ、それにともなってナジミ幅も当然少なくなります。

②手前にショートしてエサを打った場合＝ミチイト・ハリスが弛むのでテンションが掛からず、エサに引っ張られる状態ができません。

③浅いところへエサが入った、底の堆積物にエサが乗ってしまった場合＝地形変化の場合は、右が浅いなどと知っていれば、その理由はすぐに分かります。偶然、底の堆積物に乗った場合は、たまたまなのか、毎回なのかで違ってきます。エサ打ち点を変えたりしながら、底の状態を把握しましょう。

このようにナジミ幅から判断できることが多いからこそ、ナジミ幅を把握しておくことは重要なのです。そして、このナジミ幅の変化を見極めながら、タナを変える（ウキの位置をずらす）ことで、釣れるタナを見つけていくのが底釣りのキモ。その日釣れるタナというのがあるので、少しずつタナを変えて、ベストなタナ、つまり、よくアタリが出て釣れるタナを見つけていきましょう。

新治堰では800gクラスの大型も放流されている。水深もほどほどなので、底釣りには最適な池だ。

釣り方のコツ

まずはしっかりナジミ幅が出ることを確認してください。両ダンゴの底釣りですと、4～5目盛りはなじむはずです。打ち始めでナジミ幅が出ない時は、エサが持っていないか、タナが合っていない（ずらしすぎ）ことが考えられます。底釣りはナジミ幅を基準に釣りを組み立てるので、まずはしっかりナジミ幅が出るようにしてからスタートです。

次第に魚が寄り始めると、ウキにサワリが出るようになります。底釣りのサワリは、小さくフワフワしたり、もぞもぞしたりする動きです。そして、このサワリの動きと連動するようにウキがクッと上がって、そのあとチクッと入るアタリが出るのが理想といえます。この一連の動きは最もヒット率が高いので、まずはこのアタリに的を絞りましょう。

なぜ、底釣りではこのように小さい動きになるかといえば、エサが底に着いているからです。エサが底に着くことで、ウキに出る動きが制約されます。宙釣りのような消し込みアタリではなく、1目盛り程度の鋭い動きが食いアタリなので、頭に入れておきましょう。これを踏まえると、極端に大きなアタリは、イトズレやスレアタリの可能性が高いともいえます。また、エサ落ち目盛りよりもさらに下の目盛りが水面に出ることがあります。これは食い上げの場合もあるので、もしかしてと思ったら合わせてみましょう。

釣っていくうちに、その日のヒットパターンみたいな動きが見えてきます。釣れた動きを正解と考え、その動きと同じ動きを出すように意識していくと釣れ続くことが多くなります。

そして、釣れていたのに釣れなくなった時は、ナジミ幅を確認し、おかしいなと思ったらタナを取り直すことも大切です。最初に測ったタナで1日釣れ続くことはまれなので、面倒くさがらずに、タナを測り直すようにしましょう。エサなどでカバーできることが少ない釣り方なので、タナはこの釣りの生命線。しっかり持つエサとタナ設定を肝に銘じてください。

ヘラブナ釣り
超入門

釣り方編 段差の底釣り

段差の底釣りとは……

段差の底釣りとは、上下のハリスに大きな段差をつけ、下バリ（クワセ）を底に着けて釣る釣り方のことです。釣り人のあいだでは、略して〝段底〟と呼ぶのが一般的です。前頁で解説したバランスの底釣りは、上下のハリを底に着けましたが、段差の底釣りでは、下バリだけを底に着けるところが大きな違いです。

この段差の底釣りは、渋い時や厳寒期に出番の多い釣り方です。ウドンセット釣りの頁でも述べましたが、エサへの反応が悪くなったヘラブナを釣るには、ハリスの段差を取り、上バリに付けたバラケエサでヘラブナを寄せ、下バリに付けたクワセエサを食わせるようにします。これを、底釣りで行なうと考えれば分かりやすいでしょうか。

底付近でじっとしているヘラブナに対して底から離れた位置にぶら下げたバラケエサでアピールし、バラけた粒子を追って底へ向かったヘラが、底にあるクワセエサを吸い込むという図式です。

ただ、宙釣りと違って底釣りですので、底にバラケエサを溜めることができます。それだけヘラブナを集めることが可能なので、釣りが決まると思わぬ爆釣が起きることもあります。宙釣りやバランスの底釣りで、なかなかアタリが出ない時に試すとよいでしょう。

段差の底釣りの釣り方イメージ

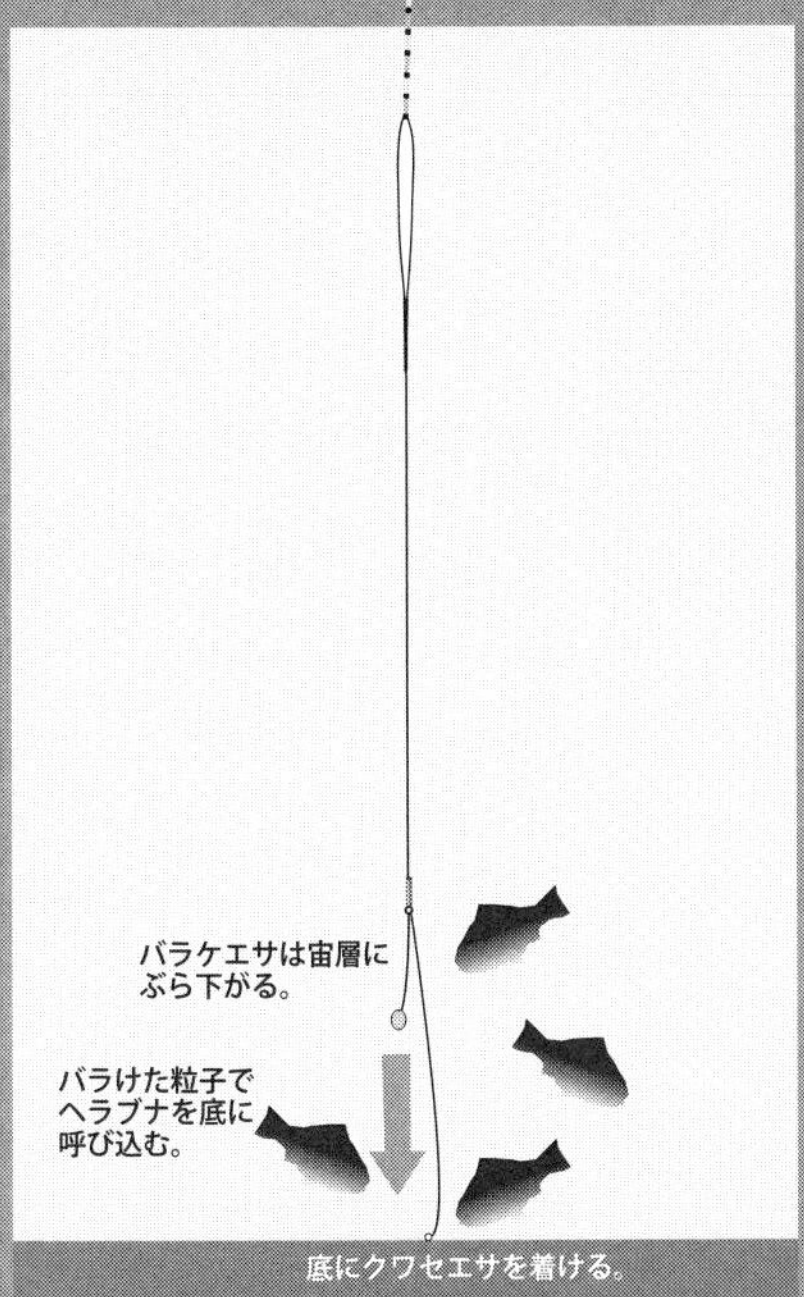
バラケエサは宙層にぶら下がる。
バラけた粒子でヘラブナを底に呼び込む。
底にクワセエサを着ける。

筑波湖

●営業時間／4～9月5時半～15時半、10～3月6時半～15時半
●料金／平日1日1,600円、半日（11時～）1,100円、女性・子供1,100円、土日祝2,100円、女性1,600円、半日（11時～）1,600円、女性1,100円、子供1,100円
●規定／サオ＝8～21尺、タナ＝ウキ止め～第1オモリまで1m以上、生きエサ・オカメ禁止
●住所／茨城県筑西市中根832
●電話／0296-52-5444
http://www.koyano-turiguten.com/tsukubako.html

8

伊藤さんの仕掛け

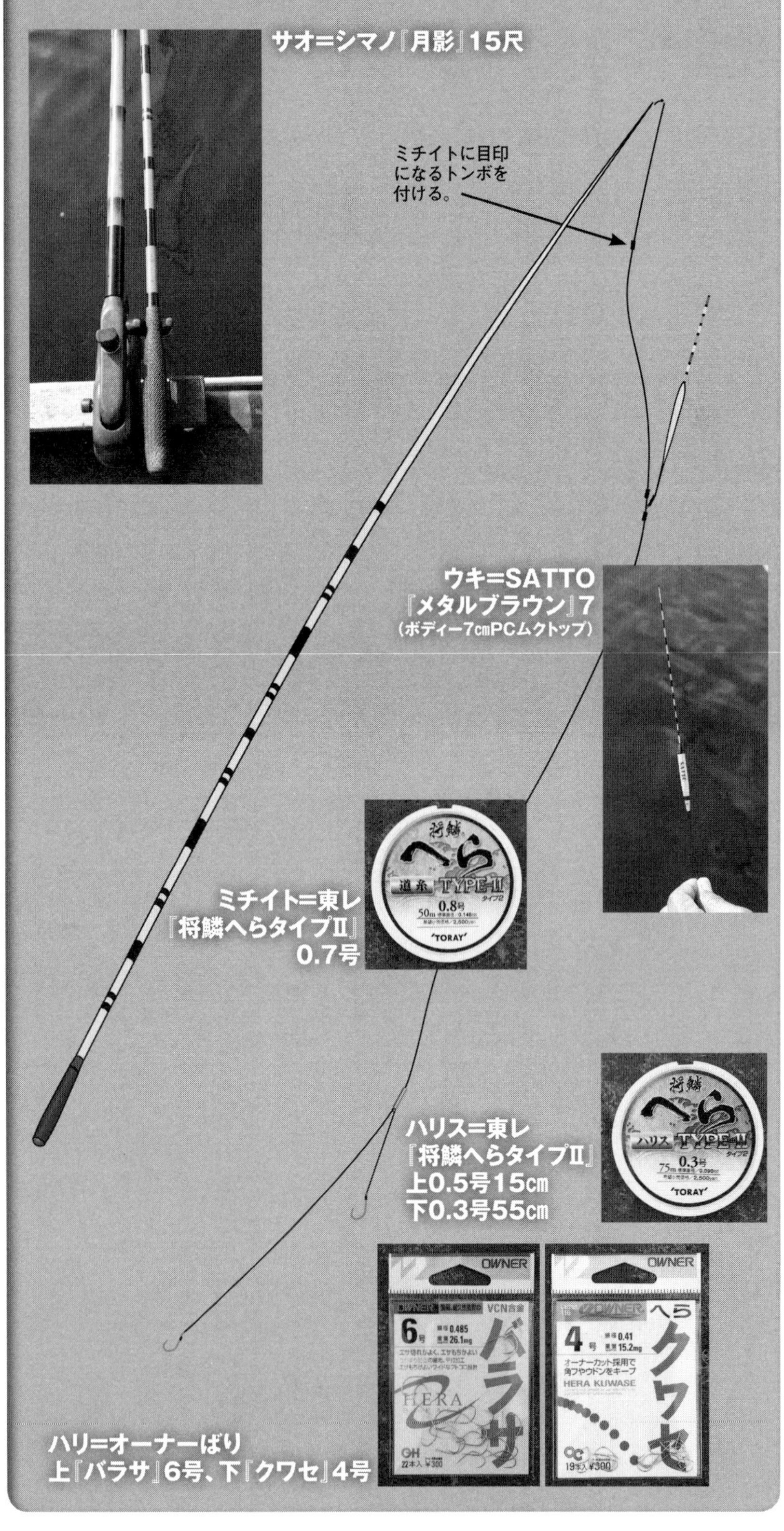
サオ=シマノ『月影』15尺
ミチイトに目印になるトンボを付ける。
ウキ=SATTO『メタルブラウン』7
（ボディー7㎝PCムクトップ）
ミチイト=東レ『将鱗へらタイプⅡ』0.7号
ハリス=東レ『将鱗へらタイプⅡ』
上0.5号15㎝
下0.3号55㎝
ハリ=オーナーばり
上『バラサ』6号、下『クワセ』4号
へら
TYPE-Ⅱ
TORAY
OWNER
バラサ
クワセ

基本セッティング

まず、底釣りですので、底が取れる（水深にあった）サオの長さが必要になります。できるだけチョウチン（ウキの位置が穂先に近いところ）で釣りたいので（振り込みなどサオの操作が安定する）、サオの長さは重要です。

続いて渋い時の釣りなので、ラインは使える範囲で構いませんので、細いもの（推奨ミチイト0・7〜0・8号、推奨下ハリス0・35〜0・3号）を使うようにします。冬など風流れが起きやすい時は、ラインが流されてウキがシモってしまいます（流れに押されてウキが少し沈む）。ラインが太いと流れの影響を受けやすいので、できるだけ太仕掛けは避けてください。

ハリスの長さは、上が10〜15㎝、下が50㎝前後を基準とします。宙釣りのようにこまめにハリスの長さを探ることはしにくい（変えるたびにタナを変えなくてはならないから）ので、長さを固定して釣ることが多いのです。

ウキは、渋いからといって極端に小さいものを使うことはおすすめできません。仕掛け全体をゆっくり入れる必要はなく、底付近まではオモリを利用してある程度のスピードで届くようにします。アタリが出ない時は小さく、魚が上ずってしまいウキの入り（ナジミ）が悪い時は大きくします。

上バリはバラケエサを届けるため、ある程度の大きさが必要です。エサをしっかり持たせるなら大きめ、その逆なら小さめとなります。下バリは渋い時は軽いほうが有利ですが、底にしっかりと着いてないと、空振ったり、スレたりします。確実に底に着けるためにも、あまり軽いハリを使わず、基本的に宙釣りのウドンセットのハリよりは重いものを使います。

タナ取りの注意点

段差の底釣りは、底釣りなので釣りを始める前に水深を測るタナ取りが必要になります。下バリが底に着けばよいので、下バリにタナ取り用のシンカーゴムを付けて水深を測ります。タナの取り方は、バランスの底釣りの回で紹介していますので、詳しくはそちらを参照してください。

宙釣りの状態でバランスを確認し、タナを測って決めた目印にエサ落ち目盛りを合わせます。この釣りの場合、セッティングでも触れましたが、下バリが底から離れてしまうと、釣れないことが多いので、必ず下バリが底に着くように、目印に合わせた位置からさらに3㎝ぐらいずらして（深くするためにウキの位置を穂先方向へ上げる）スタートします。

エサ落ち目盛りの下の目盛りが出るとアタリが出る前触れ。これを勝負目盛りと呼ぶ。

エサ作りとエサ使い

段差の底釣りに求められるバラケエサの要素は、底にヘラブナを誘導するために下方向へバラけることです。横へ広がるのではなく、下へ落ちていくイメージ。ですから、重さのあるエサが必要になります。また、タナにぶら下がるまでは余計な広がりを抑えるため、エサのまとまりも必要です。ベースになる『段底』は、その名のとおり、段差の底釣りに必要な要素を詰め込んだエサです。これに、下方向への落下を強調できる『粒戦』、まとまりと重さを演出する『とろスイミー』、細かい粒子で下方向へ漂う『バラケマッハ』というのが、伊藤さんのおすすめブレンドです。

エサ付けはしっかりタナまで持つようにチモト部にぎゅっと圧を掛けて付けます。タナで少しずつバラけるように、多少角張らせるのが基本。上ずりなどが気になる時は、丁寧に丸く付けます。

クワセエサは、底に確実に着底することを前提に重さのあるものを基本としますが、その日の食いや底の状態によって、軽いほうがよい時もあるので、何種類か用意しておくとよいでしょう。

伊藤さんのおすすめバラケブレンド

『粒戦』50cc
『とろスイミー』50cc
水150cc
（7～8分放置）
『段底』300cc
『バラケマッハ』100cc

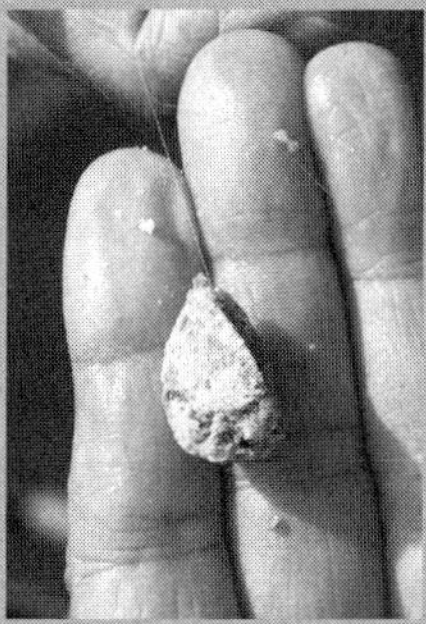

エサ付けはチモトをしっかり押さえて、ゆっくりバラケエサが抜けるようにする。

クワセエサ

『力玉ハードⅡ』や『感嘆Ⅱ』など重さのあるものを使う。レンジで作る『魚信』もあるとなおよい。

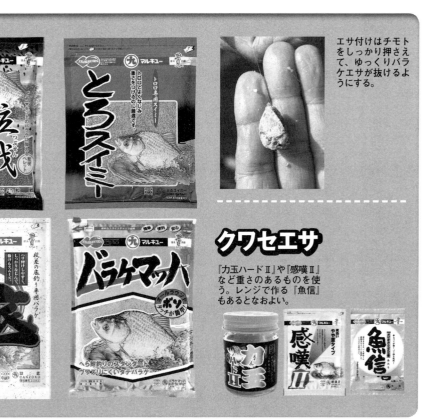

ウキの戻りが悪い時は、サオを持ち上げてクワセエサを置き直す。

釣り方のコツ

バラケの重さでしっかりウキをなじませるようにしてエサを打っていきます。ウキのトップでいえば、4～5目盛り程度はなじませてください。これはヘラブナを上ずらせない基本的なことです。少しずつバラケが抜けると、それに合わせてゆっくりとウキが戻ってきます。魚が寄るまではこの繰り返しです。

魚が寄ってくると、ウキの戻りが早くなります。これはバラケエサに興味をしめしたヘラブナが、エサにさわったりするからです。こうなってきたら、アタリが出るのを待ちます。理想的なアタリは、バラケが抜けたあと、エサ落ち目盛りより下の目盛りが水面に出てから鋭くチクッと1目盛りないし、半目盛りぐらい当たるものです。このエサ落ち目盛りより下の目盛りが出れば、アタリへのリーチが掛かった状態と考えます。そして、この目盛りを〝勝負目盛り〟と呼んだりもします。

この勝負目盛りが水面に出ない時もあります。クワセエサが何かに引っ掛かっていたり、底の凹みに入ったり、底のヘドロなどが除去されてタナが掘れたりと考えられる要因はいくつかあります。こんな時は、サオ先を持ち上げて、クワセエサを置き直します。これで、勝負目盛りが出ればOKですし、それでもウキが戻ってこない時は、水深を測り直します。段差の底釣りは、クワセエサが底から離れてしまうと不思議と釣れません。必ず底にクワセエサを付けるという意識を持ちましょう。

釣り人を熱くする乗っ込み期の大型ねらい

夢の50cm超えを手にするチャンスは誰にでもあります！

季節にあった釣り方を楽しむヘラブナ釣りですが、そのなかでも一大イベントとして多くの釣り人が熱くなっているのが、乗っ込みの釣りです。乗っ込みとは、ヘラブナの産卵行動の一連を指します。春の水温上昇にともない産卵のために浅場へ回遊し、水生植物などに卵を産み付けます。この一連の流れを乗っ込みと呼び、産卵そのものはハタキといいます。そして、このタイミングで釣行すると、夢の50cmオーバーの腹パンと出会える可能性が高まります。だから、みな熱くなるのです。

関東圏では、3月中頃から千葉の亀山湖、高滝湖で乗っ込みの釣りが始まります。その後、いまや50cm上の可能性が一番高いといわれる河口湖が本番を迎えます。

乗っ込みは産卵行動ですので、よく大潮がねらいめといわれますが、必ずしもそうならないのが、この釣りの難しさでもあり面白さでもあります。雨による濁りや増水なども、ハタキのきっかけになります。ただ、完全にハタキモードになってしまうと、あまりエサを追わないので、産卵直前がベストタイミングといわれ、ハタキの初日か2日目がよいとされています。

タックルは、大型相手であることはもちろん、水深が浅い接近戦ですので、必然的に強めになります。サオは専用ザオともいえる『頼刃またたき』などを使い、ミチイト1・5～2号、ハリス0・8～1・2号、ハリも軸太タイプの8号以上、時には10号を超えるものを使用します。ウキは小型ながらボディー径を太くし、オモリ負荷量の多いパイプトップが使いやすいでしょう。エサはグルテンを主体にマッシュやダンゴエサも使用します。

この釣りの一番のポイントは、ハリ掛かりしたらすぐにサオを立てることです。魚の動きに合わせていては、なかなか釣ることはできません。ちょっと強引なぐらいに釣り人側が主導権を握る。そんなイメージの釣りです。

釣りに行けるタイミング、食っているかスレるかは運次第。当たればデカイですが、外れることも多い釣り。ですから、ビギナーでもいきなり50cmオーバーが釣れる可能性があるのです。ハードルが高いと思われがちですが、決してそんなことはありません。必要なのは、チャンスがある時に、釣り場に行けるかどうか。ぜひ、一度チャレンジしてみてください。

トロロのセット釣り

トロロのセット釣りとは……

夏から秋、盛期の釣りの代表格は両ダンゴですが、混雑や食い渋りなどで両ダンゴではうまく釣れない、強い食いアタリが出ないことがあります。それはエサの近くまで近づいても、肝心のエサの芯には飛びつかない状況を意味します。このような状況下で威力を発揮するのが「トロロのセット釣り」です。

釣り方は、上バリのバラケエサ付近に下バリのトロロエサをフワフワと漂わせ、バラけた粒子と一緒にトロロエサを吸い込ませます。言葉ではバラケエサと表現していますが、ウドンセットのように大きくバラけるエサではなく、どちらかといえばダンゴエサに近いタッチです。そして、このバラケエサに食ってくる確率が高い（多い時は半分以上）ほど釣りが合っている証拠なのです。

ポイントは、バラケエサとトロロの距離です。エサに近づくヘラブナをターゲットにしますので、ウドンセットのようにバラケエサから距離を取る必要はありません（狭い段差でよい）。ただ、年々、この釣りもかなりシビアになっていますので、数㎝単位の細かいハリス調整が求められる場合もあります。アタリは出るけど、いまいちヒットしない、サワリはあるけど食いアタリにつながらないなど、あともう一歩という場面では、必ずハリス調整をしてみましょう。

また、盛期の釣り方なので、想像以上にエサが揉《も》まれて持たなくなることもあります。そのため適度な重さがあるしっかりしたタッチのバラケエサを使い、下バリも重いものを選びましょう。

基本的な釣り方は、大きめのウキ（オモリ負荷量が多い）を使い、タナにしっかりエサを入れて釣ります。そのためには、ウキをなじませるという基本を厳守してください。バラケエサはダンゴ釣りの感覚で手直しします。基本は手水を打っての押し練りや練り込みです。

ちなみに、ウキの大小は盛期のヘラブナの寄りに負けない（ウキがきちんと立つこと）範囲での大小ですから、サイズや周りの人との比較に惑わされないようにしましょう。

実釣時のポイントとして、アタリの取り方が挙げられます。トロロのセット釣りは盛期の釣りで、短ハリスの釣りですから、ズバッと入るような力強い大きなアタリばかりと思われるかもしれませんが、実はそうともかぎりません。長くても20㎝程度のハリスですが、盛期のヘラブナのあおりは強烈でハリスが張りきらないことも多々あるのです。

ですから、なじんだところでいったん静かになって、そこからヘラブナのあおりのあとでのチクッやズッというアタリにも手を出してみましょう。また、落ち込みの変化で食っている時もあります。この釣りは基本的にヒット率が高い釣りなので、どのアタリがその日の正解なのかを見極めて、アタリを絞り込むことがとても大切なのです。

上バリにダンゴタッチのバラケエサ、下バリにトロロを掛けて釣ります。

浅ダナ釣りのセッティング

サオ=8～10尺
ミチイト=0.8～1号
ウキ=ボディー5～7㎝パイプトップ
ハリス=上0.5号6～10㎝
　　　下0.4号10～18㎝
ハリ=上5～7号、下4～6号

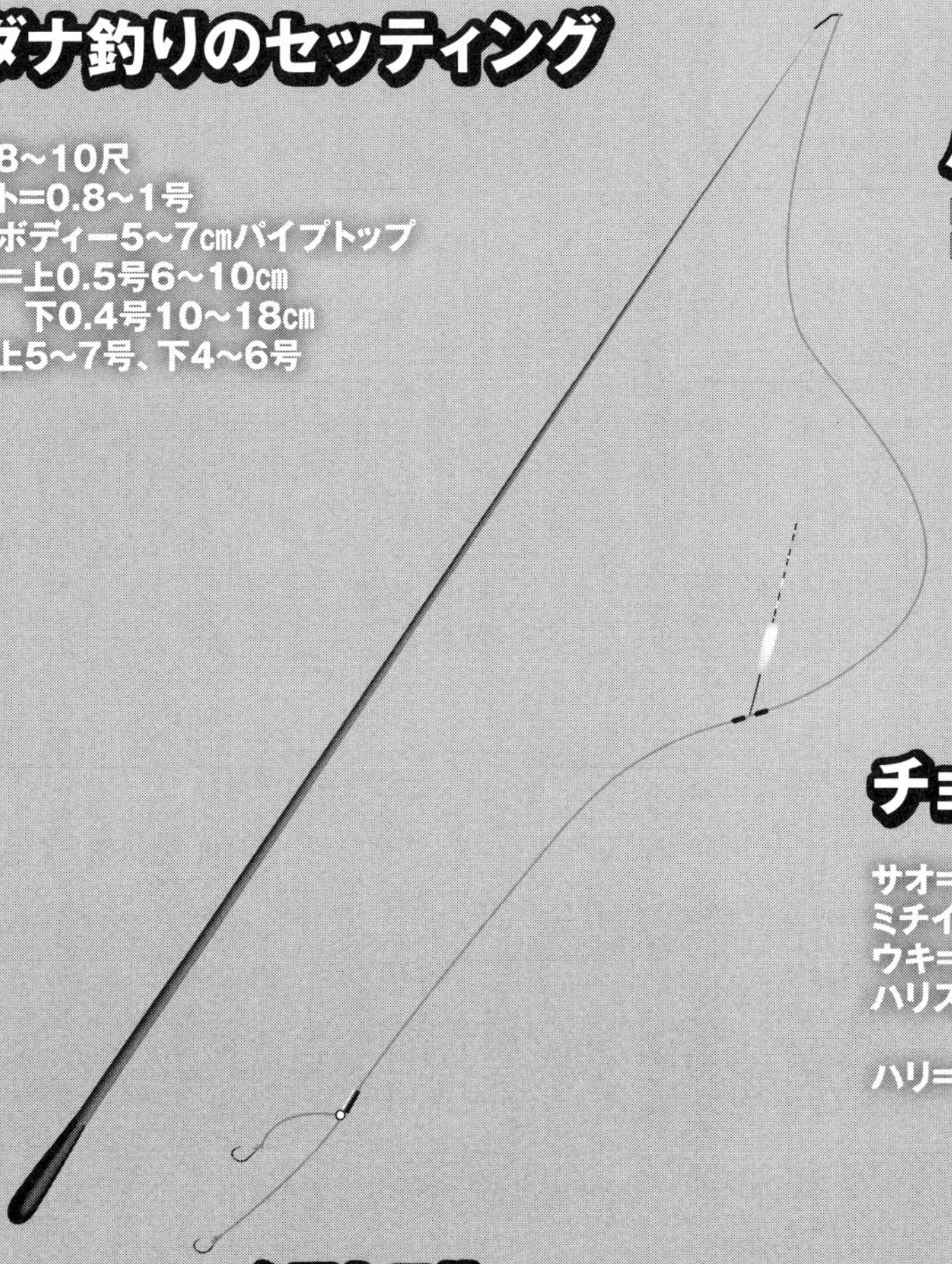

バラケブレンド

『ガッテン』200cc+『パウダーベイトヘラ』200cc+
『バラケマッハ』100cc+水150cc

チョウチン釣りのセッティング

サオ=8～10尺
ミチイト=0.8～1号
ウキ=ボディー7～10㎝パイプトップ
ハリス=上0.6号8～10㎝
　　　下0.5号12～20㎝
ハリ=上6～7号、下5～6号

クワセエサ 『ヒゲトロスペシャル』

クワセエサのトロロはハリから抜けないことが大前提です。空振りが目立つ時はトロロがハリ抜けしていないか確認する必要があります。掛ける量や長さによってアタリ数やヒット率が変わるので、いろいろと試すことも必要です。

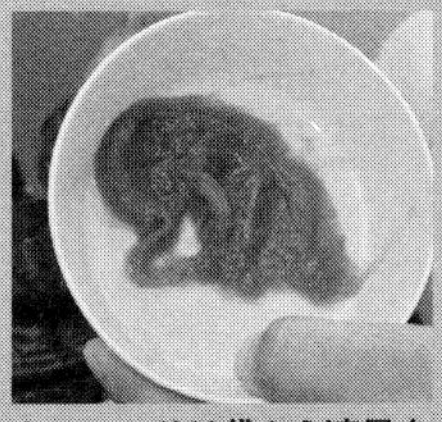

トロロエサは袋から適量を取り出し、水に浸して使用する。

バラケブレンド

『ガッテン』200cc+『天々』200cc+水100cc+
『パウダーベイトヘラ』100cc

新ベラねらいの両グルテン

新ベラ釣りとは……

　秋になると、各地の管理釣り場では新ベラ放流が行なわれます。放流後のヘラブナは、池の水に慣れるまでしばらくは泳ぎながら居心地のよい場所を探しますが、エサを制限されているため次第に積極的にエサを追うようになります。こうなると、新ベラばかりの大釣りが可能になります。新ベラに効果的なエサは、一概にはこれと断定できませんが、放流時期とエサの食い方に慣れていないことから、グルテンエサが比較的有効です。グルテンエサは、軽くてふくらむ性質のエサで、盛期ほどの活性がない時期に有効です。また、麩エサと違い集魚効果が少ないので、旧ベラを寄せすぎず、新ベラの割合が多くなります。

　放流された新ベラは、警戒心があるためか、沖を回遊する傾向にあります。そのため、長ザオを使った沖宙釣りがメインになります。また、水深が浅い池や、放流してしばらく経つと、底に着く傾向もあります。この場合も沖打ちが有効で、長ザオを使った沖底攻略が効果的です。いずれにしても長ザオを使う釣りになるので、入門者向きではないかもしれませんが、新ベラ放流は釣り人をワクワクさせるイベントですので、いつかチャレンジすることを想定して解説します。

　沖宙釣りの基本的な考え方は、大きめのウキでタナまで早くオモリを落とし、ゆっくり落下するロングハリスの動きでヘラブナにアピールして食わせます。覚えておきたいのが、アタリの出方です。通常のアタリと同じように強くツンと入る場合もありますが、ムッと押さえるようなものや、エサを止めるような動きがアタリであることも多いのです。このような新ベラ特有のアタリには、なかなか手が出にくいものですが、新ベラだから……と持っていれば、手が出やすくなります。頭の片隅に入れておきましょう。

　沖底の場合も考え方は同じです。軽くふくらむグルテンを長めのハリスを使ってゆっくりエサを落とすことで、ヘラブナに興味を与えます。底釣りは、もともと大きな動きのアタリが出ませんので、新ベラの本当に小さい食いアタリを見逃さないように意識しましょう。

　また、秋に放流された新ベラは、春先に口を使うこともあります。ですから、この釣り方は春にも有効なのです。

新ベラはきれいな魚体と引きの強さで釣り人を楽しませてくれる。

沖宙釣りのセッティング

サオ=18～21尺
ミチイト=0.8～1号
ウキ=ボディー7～10㎝ムクトップ
ハリス=0.4～0.5号
上50～60㎝、下65～80㎝
ハリ=上下6～7号

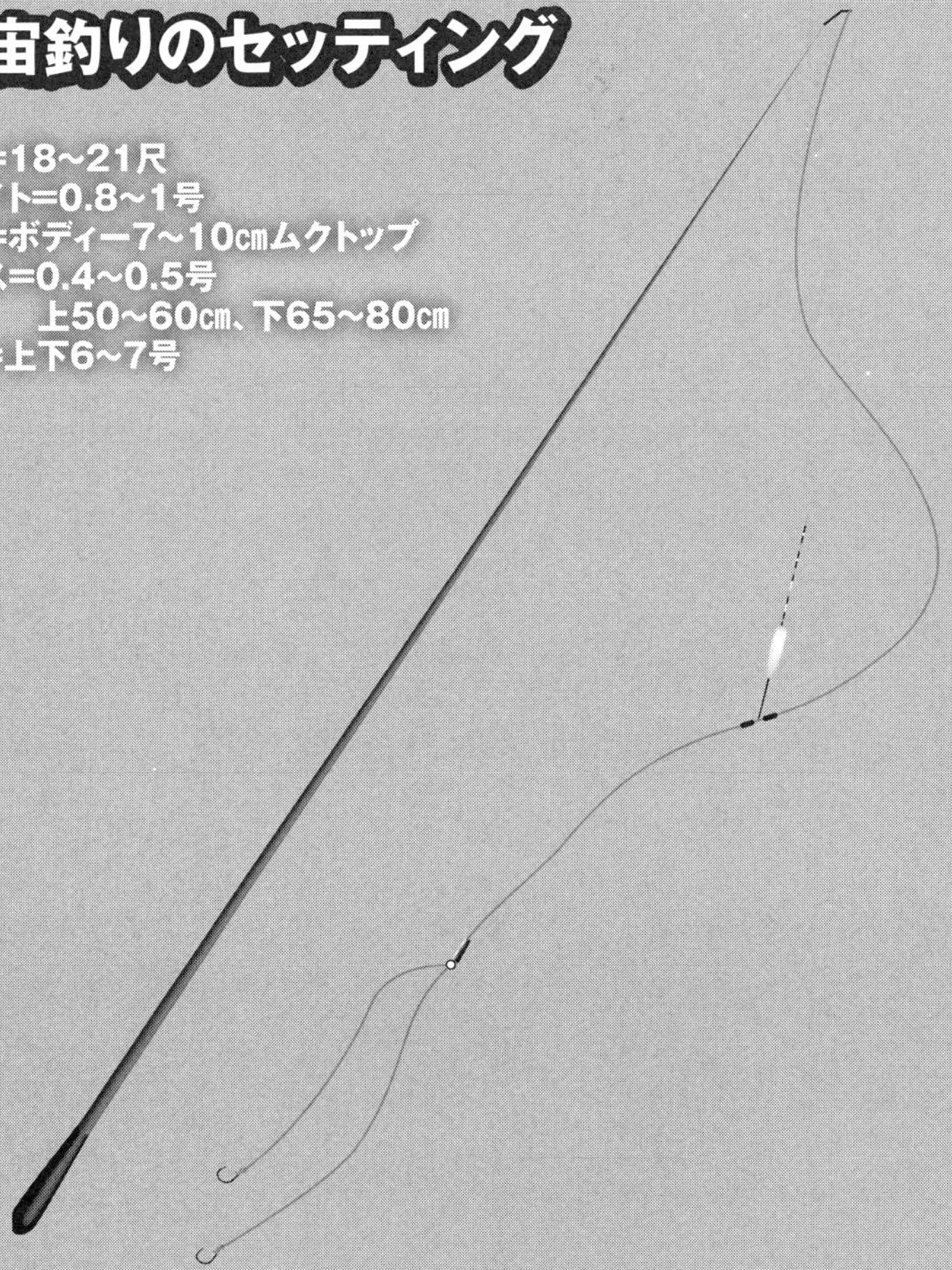

沖底釣りのセッティング

サオ=18～21尺
ミチイト=0.8～1号
ウキ=ボディー12～15㎝
パイプトップorムクトップ
ハリス=0.4～0.5号
上45～50㎝、下55～60㎝
ハリ=上下5～6号

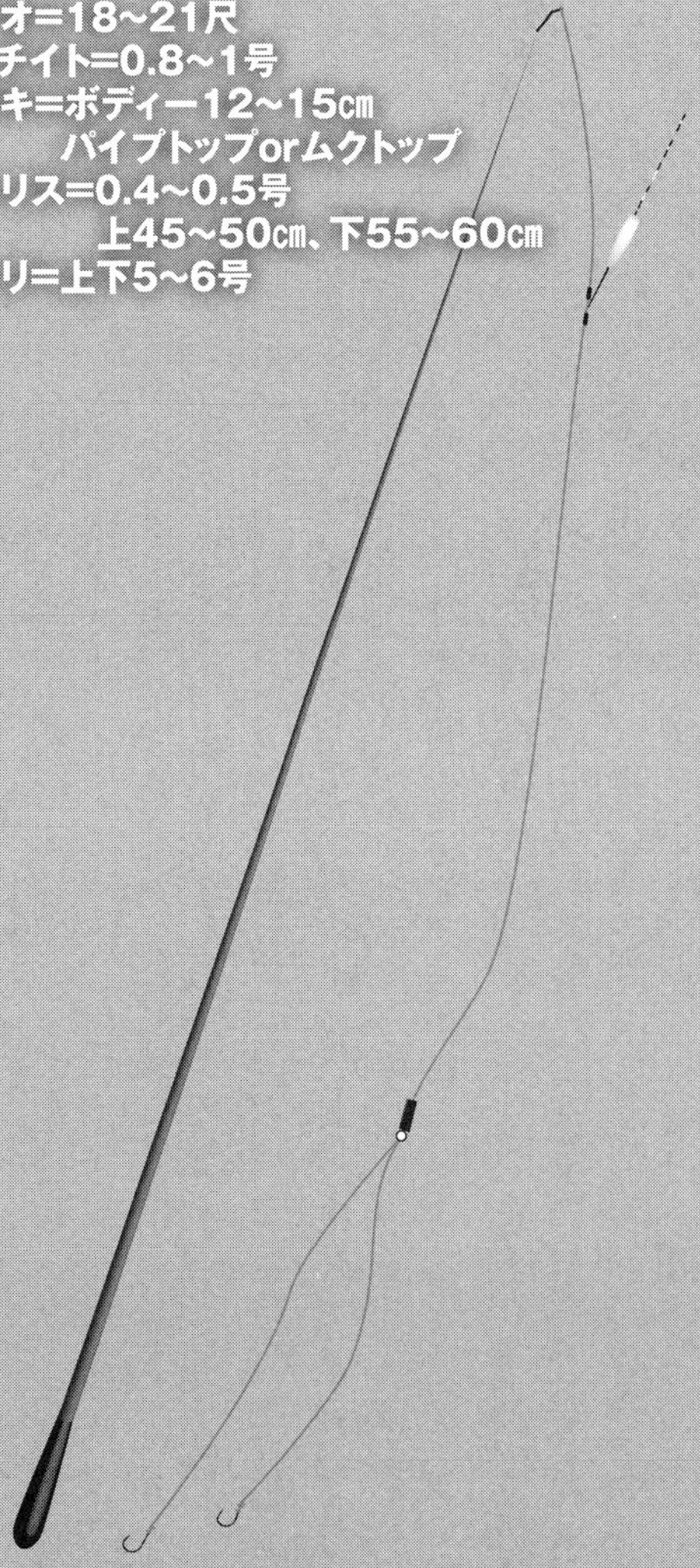

基本のグルテンエサ

『グルテン四季』50cc+『わたグル』50cc+水100cc

粉1に水1の割合で作るので、100 ccカップに『グルテン四季』と『わたグル』を半々に入れます。それをグルテンボウルに入れ、水100 ccとよくかき混ぜます。バラケ性を強くする時は『グルテン四季』の割合を多くします。軽さでアピールしたい時は『わたグル』を多くします。

ヘラブナ釣り用語集

【あ】

【あおり】＝ヘラブナがウキの下に寄ってきた時に、ウキのトップがフワフワと上下している動き。この動きが出たあとにアタリが出ることが多い。

【あがりべラ】＝釣りの終了にあたり最後に釣れたヘラブナのこと。または、釣りを止めるために釣るシメの1枚。

【浅ダナ】（あさだな）＝水面から1m前後の層にいるヘラブナをねらう場合に、そのタナ（釣りをする層）のことを浅ダナと呼ぶ。

【朝マヅメ】（あさまづめ）＝早朝の日の出前後からの数時間、魚が活発にエサを追う時間帯のこと。特に好シーズン（春から秋）には水温が高くなるので、この朝マヅメがよく釣れることが多い。

【アタリ】＝ヘラブナがエサを吸い込んだ時のウキの動きを表現した言葉。ウキのトップの目盛りが1〜2目盛り水中に強く沈む動き。ツンアタリ、消し込みアタリなどと使う。

【アタリ返し】（あたりかえし）＝アタリがあって、アワセが遅れてしまって合わせられなかったあとに（あるいは意図的に合わせなかったあとに）、もう一度アタリがあること。または、ウキがナジミながらサワリがあって、何度かアタリがあって、ウキが上がってくる時にアタリがない場合「アタリ返しがない」という言い方をする。

【アッパー】＝下アゴに下方向から（唇の外側）ハリが刺さっているさま。この状態をスレという。ボクシングのアッパーカットから引用した造語。

【アワセ】＝ウキにアタリが出た時に、サオを上げて魚の口にハリを掛ける動作。ヘラブナはエサを吸い込んだらすぐに吐き出すので、アタリが出たら素早く合わせることが重要となる。

【アワセ切れ】（あわせぎれ）＝アタリが出た時に合わせたタイミングでハリスが切れること。スレ掛かりやアワセが強い時に切れることが多い。

【アワヅケ】＝ヘラブナが呼吸をする時にサイハ（エラの内側にある器官）から発生する気泡。この気泡が水面に上がって泡になるので、ヘラブナが寄ってきたことを判断できる。アワヅケの数が多いほど魚の量も多いといえる。

【い】

【生きエサ】（いきえさ）＝生きているエサのこと（ミミズなど）。植物性プランクトンを主食とするヘラブナを釣る釣りでは練りエサが主流なので、管理釣り場や釣り堀では、生きエサ禁止の規則がある。

【イトズレ】＝仕掛け（ミチイト、ハリス）に魚が触れたり、その直近を動いて水流を起こした時にウキに表われるさまざまな動きのこと。慣れないうちはアタリだと思って合わせてしまうこともある。

【板オモリ】（いたおもり）＝ウキのバランスを取るために使う板状の鉛。厚さ0・25㎜前後のものをミチイトに巻き付け、ウキの浮力に合わせて切り取り調整する。細かい微調整が可能なので繊細なヘラブナ釣りでは重宝されている。

【一発取り】（いっぱつどり）＝エサを打ち、ウキが立ってからなじんでいくまでに出る一番最初に出るアタリを合わせること。あるいは、そのアタリに絞って回転よく釣っていく釣り方をこう呼ぶ。

【入れ食い】（いれぐい）＝連続して魚が釣れる状態が続いたり、ペースよく釣れる状況を表わす言葉。人によってはイレパクと表現することもある。

【入れアタリ】（いれあたり）＝

エサを打つたびにアタリが出ることをいう。

【インスタントウドン】＝水を加えてかき混ぜて作るクワセエサ。できあがったものを専用のポンプに詰めて使う。『感嘆』などがこれにあたる。

【う】

【ウケ】＝ウキが立って、エサが沈んでウキがなじんでいく時に、寄ってきた複数のヘラブナが漂っているエサを吸い込んで動き回る時に起こる水流によってウキが止まったり、上下に揺さぶられる動き。ヘラブナが寄った時のサインで、サワリと似たような表現。ウキに反応がない時は「ウケが出ない」などという。

【ウワズリ】＝ヘラブナが、ねらっているタナより上方に上がってしまう状態。たとえば、ウキが立ってすぐにイトズレが出たり、エサがタナまで持たなくなったり、エサ打ち直後には動いていたウキが、なじむとアタリやサワリがなくなる時に「上ずってるね」などという。エサがバラけすぎていたり、魚の活性が高まった時に起こることが多い。

【上バリ】（うわばり）＝ヘラブナ釣りでは、2本のハリを使うが、上にあるハリスが短いほうのハリを上バリと呼ぶ。

【上バリトントン】（うわばりとんとん）＝底釣りをする時に、上バリが底にちょうど着いている状態のこと。タナ取りゴムなどを使ってタナを測る時に、まずこの状態に設定する。このまま打ち始めるか、確実に底にエサを着けるため、ウキの位置を2～3目盛り分上方に動かしてからエサ打ちをスタートすることも多い。

【え】

【エサ落ち目盛り】（えさおちめもり）＝文字どおり、エサを付けない仕掛けだけの状態のウキのトップが水面上で指し示す目盛りのこと。基本的にエサ落ち目盛りは、釣り方によって変えるが、通常はウキのトップが水面より3分の2ほど出た状態にバランスを取る場合が多い。

【エサ切れ】（えさぎれ）＝ハリにエサが付いた状態で、サオを上げた時にエサが落ちること。エサ持ちがよすぎるエサを使っている時などに「エサ切れが悪い」などと表現する。また、エサが付いているのにアタリがない場合など故意にサオを上げて打ち返す時に「エサ切りする」という表現をする。

【エサ持ち】（えさもち）＝エサを打って、エサがハリに付いている状態で、長持ちする時は「エサ持ちがよい」、ハリに付いている時間が短い時は「エサ持ちが悪い」などと表現する。また、「エサ持ちのよいエサ」、「エサ持ちの悪いエサ」などと使うこともある。

【お】

【沖打ち】（おきうち）＝長ザオを使って釣り座前方の沖を釣る釣り方。魚が混雑などで釣り座近くにいない時、警戒心の強い大型魚が沖にいる場合、新ベラ放流直後で沖を回遊する新ベラをねらう場合に用いられる。たとえば、18尺ザオでタナ1・5mの釣り方がこれにあたる。

【落ち込み】（おちこみ）＝エサを打ってからウキがなじんでいく間にアタリが出る状態を表わす言葉。このアタリを積極的に合わせていく時に「落ち込みアタリをねらってるよ」などと使う。ほぼ同意で「倒れ込み」という表現もする。こちらは、特にウドンセットでの下バリの動きを表わし、ハリスの倒れ込みなどと使う。

【落とし込み】（おとしこみ）＝エサ打ちする時に、エサをウキの立つ位置の真下付近に落とすこと。ヘラブナ釣りの基本的なエサ打ち方法。魚が寄りすぎた時など、ねらっているタナまでダイレクトにエサが落ちていくので、ウワズリなどを防ぐことができる。

【オマツリ】＝隣同士でお互いの仕掛けが絡んでしまうこと。オマツリが起きた時は、その原因を作った人がほどくか、ほどけない場合は自らの仕掛け（ハリスなど）を切るのが礼儀。

【オモリ負荷量】（おもりふかりょう）＝使用するウキが水面上に立つために必要なオモリの量。ウキの持つ浮力を表現する時、オモリの重さをグラムで表現することもある。

【か】

【カケアガリ】＝沖が深く手前が浅い地形のこと。沖のほうが浅い場合は「逆カケアガリ」などという。

【カッツケ釣り】（かっつけづり）＝水面直下の浅いタナをねらう（水深50㎝くらいまで）釣り方。それ以上のタナ（50～70㎝くらいのタナ）をねらう場合はセミカッツケとも呼ばれる。ヘラブナが水面までエサを追ってくる高活性の時に用いる釣り方で、しばしば大きな釣果を得られることが多い。

【角付け】（かくづけ）＝エサをハリに付ける時、角張らせて付けること。角付けすると、角を付けることでエサのバラケがよくなるので、魚を寄せたい時に用いる付け方である。

【カラツン】＝アタリが出たのにハリ掛かりしない状態。代表的なヘラブナのアタリを表現するツン（アタリ）が出たのに空振りした時の状況から生まれたと思われる造語。このアタリ（動き）が頻繁に出ると「カラツンだらけだよ」などという。

【き】

【決めアタリ】（きめあたり）＝釣り方が最適で、ヘラブナがしっかり食った時のアタリをこう呼んでおり、食わなくて口以外に掛かった時はスレアタリなどという。また、釣り人自らが、自分の釣り方で決めた食いアタリのこともいう。同じ釣り方（たとえば浅ダナ釣り）でも、人それぞれ異なっていることが多く、落ち込みのアタリを取る人もいれば、ウキがなじんだあとのアタリを取る人もいる。人によって出したいアタリがあり、そのアタリのことを決めアタリとも表現している。

【旧べラ】（きゅうべら）＝放流されてから1年以上経過したヘラブナのこと。管理釣り場や釣り堀で、新べラでない魚を総称していう。

【魚影】（ぎょえい）＝魚の量を表わす言葉。ヘラブナが多い時は魚影が多い、少ない時は魚影が少ないと表現する。

【巨べラ】（きょべら）＝大きなヘラブナのこと。その大きさの基準は決まっていないが、おおよそ40㎝以上のヘラブナを総称している。50㎝前後のヘラブナを超巨べラということもある。また、その魚をねらって釣ることを巨べラ釣りという。関東では、河口湖、相模湖、津久井湖、亀山湖などの釣り場が巨べラ釣りで有名である。

【く】

【食いアタリ】（くいあたり）＝ヘラブナがエサを口の中に吸い込んだ時に出るアタリ。食いアタリは、季節の影響、ヘラブナの活性や釣り方の違いによるエサの食い方などで動きが違ってくるので（アタリの大小、アタリが出るタイミングなど）、どのアタリが食いアタリなのかを見極めることが必要である。

【食い気】（くいけ）＝ヘラブナがエサを食う時の活性のこと。よくエサを追う時は「食い気がある」などという。

【食い渋り】（くいしぶり）＝魚がなかなかエサを食べようとしない状態。釣り場が混雑したり、水温低下などの気象条件の変化で魚の活性が低下する時に起こることが多い。

【口栓】（くちせん）＝サオや玉柄、サオ掛けなど、使用しない状態で差し込み口を傷めないために差し込んである栓。口栓が付いていない状態で持ち運びをすると、その部分に圧力が掛かると割れてしまう事故が起こることがある。

【グルテン】＝ヘラブナ釣りのエサのひとつで、マッシュなどに粘りのある植物性タンパク質（グルテン）を加えたエサのこと。バラケ性もあり、ハリ持ちもよいので使いやすく、宙釣り、底釣りともにクワセエサや共エサとして使用される。

【黒帯】（くろおび）＝ウキのトップを色分けするために（見やすくするために）塗られた黒色塗料部分。色の付いた目盛りよりも幅は狭く、小さい動きやアタリが出た際「黒帯くらいの小さいアタリだよ」などといい、黒帯アタリとも呼ぶ。

【クワセエサ】＝上バリにバラケを付けるセット釣りにおいて、下バリに付けるエサをクワセエサと呼んぶ。その種類は、グルテン、ウドン（インスタントウドンも含む）、オカユ、角麩などがある。

【け】

【経時変化】（けいじへんか）＝時間の経過とともにエサが変化していくことの造語。主に粘りすぎた状態のエサを指すことが多い。

【消し込み】（けしこみ）＝ウキが水中に一瞬にして消えてしまうような強いアタリのことで、消し込みアタリともいう。ヘラブナの活性が高い時に出ることが多く、やはりこのアタリで釣れた時の気持ちよさは格別のものがある。

【検量】（けんりょう）＝釣れたヘラブナの重量を量ること。ヘラブナ釣りは決められた時間内で釣れた魚の総重量を競うことが多い。

【こ】

【小エサ】（こえさ）＝文字どお

り、小さいエサのこと。大きなエサでカラツンなどが出た時に、小さくエサ付けすると釣れることがある。また、大きなエサを打つとヘラブナが寄りすぎて釣りにくくなる時など、小エサを回転よく打てば釣りのリズムをよくする効果もある。

【小ベラ】（こべら）＝おおよそ20㎝以下の小さいヘラブナのこと。小さめの放流ベラが群れになっている場所で集中的に釣ることを「小ベラの数釣り」などという。

【コミ】＝サオとサオをつなぐ差し込み部分。ピタリとゆるみなくつながれば「コミがいいね」などという。サオを継ぐ時に破損しやすいので注意が必要。

【さ】

【サソイ】＝底釣りでも宙釣りでも、なかなかアタリが出ない時、あるいはヘラブナのようすを見たい時にサオを手前に少し引いたり、あるいはサオを上下に小さくあおって（主に宙釣りで用いるタテサソイ）みたり、あるいは逆にサオを前方に送ってウキと仕掛け間のテンションを抜いたりする動作。この動作でウキ、仕掛けが動いてエサがバラけたり動いたりして、同時にヘラブナがこの動きに誘われてエサを吸い込むことにつながることがある。

【サワリ】＝魚が寄っていることを知らせるウキの動きのこと。アタリが出る前の動きのことを表現することもあり、「サワリが出ているから当たるよ」などという。釣れない時には「サワリもないよ」ともいう。

【山上湖】（さんじょうこ）＝ヘラブナ釣りでは、富士五湖などの標高1000m前後の高地にある湖のことをいう。風光明媚で水質がよく、大型のヘラブナが釣れることも多い。ダイナミックな釣りを楽しめるため人気がある。特に夏場は涼しく釣れるので好んで通う釣り人も多い。山上湖の釣りのことを敬愛を込めて「ヤマの釣り」という言い方もある。

【し】

【シモリ】＝流れや風の影響でウキが水中に引き込まれたり横移動したりするような状態のこと。また、魚影の多い管理釣り場などで魚が多く寄り動き回った時に起こる水流によってシモリが起こることもある。シモリを防ぐためには、ウキをサイズアップして浮力を高めて流れなどに負けないようにする方法がよい。

【尺上】（しゃっかみ）＝ヘラブナ釣りでは、サオの長さの単位で尺（しゃく）が用いられる。1尺は約30㎝（30・3㎝）で、10尺のサオならば約3mということになる。尺上というのは、ヘラブナの大きさを表わす時に用いられる言葉で、つまり「尺上が釣れるよ」と言われたら、30㎝以上の大きさのヘラブナということになる。尺半といえば45㎝を指す。

【ジャミ】＝ヘラブナ釣りをしている最中に釣れる、クチボソやヤマベなどの小魚のこと。ジャミが寄ってくると、エサを取られたり、ウキの動きが複雑になって（この時に出るアタリをジャミアタリと呼んでいる）釣りづらいので、エサ持ちをよくしたり、ウキのサイズを大きくしたり、タナを変えたり工夫が必要になる。

【準山上湖】（じゅんさんじょうこ）＝高所にある山上湖に対して、標高500m前後にある湖のこと。関東では、三名湖、鮎川湖、円良田湖などがそれに該

当する。

【新ベラ】（しんべら）＝養魚池で大きく育ったヘラブナが釣り場に放流される時、そのヘラブナを新ベラと呼ぶ。新ベラの放流は、長時間移動によるダメージを考えて、水温の変化が少ない晩秋から冬に行なわれることが多く、その時に放流されたヘラブナを釣ることを「新ベラ釣り」と呼んでいる。新ベラは白銀色に輝き魚体のコンデションがよくて引きが強く食い気もあるので、それを楽しみにしている釣り人も多い。ただし、釣り人が使うエサに慣れていないせいか、食い方が下手だといわれており、食いアタリも止めや微細に変化するようなアタリが多いので慣れないと新ベラのアタリが分からないこともある。しかし、それがまた楽しいところでもある。

【す】

【ストローク】＝ヘラブナ釣りでは、ウキの動きを表わす時に用いる。具体的にはウキのトップの長さによって、ストロークが長い、短いと表現する。ストロークが長いと（トップが長いと）、タナを幅広く探ることができてエサが漂う時間が多くなり、アタリをもらえるチャンスが多くなる。しかし、何でもかんでもストロークが長いとよく釣れるというわけではなく、釣り方によってバランスよく使い分けることにヘラブナ釣りの奥深さがある。

【巣離れ】（すばなれ）＝越冬していたヘラブナが春の訪れとともに上昇した水温の影響によって、産卵を意識し始めて春先に浅場近くに移動してくる行動のこと。

【ズラシ幅】（ずらしはば）＝底釣りのタナのこと。エサをどのくらい底にはわせるかを、ウキを動かす（ずらす）幅で表現すること。上バリトントンの位置から5㎝動かでば、５㎝ズラシなどと表現する。

【スレ】＝ハリが口の中以外の場所に掛かった状態。この状態をスレ掛かりともいう。ヘラブナ釣りでは、スレはカウントされないのが基本。しっかりエサを食わせるための技量を競う釣りである。

【スレアタリ】＝食いアタリではないアタリのこと。ヘラブナがしっかり口の中にエサを吸い込まないで出るアタリ。あるいは、エサのすぐそばでウロウロしている時にウキが動いて合わせた際に口の周りや胸ビレなどにハリ掛かりしてしまうこともある。スレアタリと食いアタリを見極めるのもテクニックのひとつである。

【せ】

【セット釣り】（せっとづり）＝バラケエサとクワセエサが上下に付いた組み合わせで釣ることをいう。２本のハリにダンゴを付けて釣る両ダンゴ釣りではヘラブナがなかなかダンゴを口にしない時などにクワセエサを使う。浅ダナのセット釣りとか、バラケとグルテンのセット釣りなどと表現される。

【セミカッツケ】＝水面下50～70㎝のタナをねらう釣り方。そのタナより上をねらうのがカッツケ釣り。カッツケのタナで食い気がいまひとつという時、その下にいる食い気のあるヘラブナをねらう釣り。

【そ】

【底釣り】（そこづり）＝文字どおり、底にエサを着けて釣る釣り方。タナを測って水深を確認したり、エサのはわせ加減で食ったり食わなかったりする。また、アタリも小さいのでその繊細さを学べることから、ヘラブナ釣りの基本ともいわれる。一度釣れ出すと安定して釣れることが多いので、野釣りでは「底釣りを征する者は例会を征す」といわれることもある。

【外通し】（そとどおし）＝底釣りの仕掛けで、オモリが宙にあるバランスの底釣りに対し外通しはオモリが底に着いた状態になる。ナス型のオモリをミチイトに外側から引っ掛けるフックが付く。川などで流れがある時にエサが底から動かないようにするための釣り方である。流れの強さによって1号（3・75g）前後のオモリを使い分ける。

【た】

【タチ】＝水深のことをいう。底釣りでタナを測る場合に水深を測るが、その行為を「タチを取る」という。

【タッチ】＝エサの硬軟、粘り加減などの特性をいう。ボソタッチ、ヤワネバタッチなどと使う。ヘラブナの食い気に合わせてエサのバラケぐあいを繊細に変化させながら釣るヘラブナ釣りでは、エサのタッチが重要である。

【タナ】＝ヘラブナがいる層や、釣りをする層のこと。浅いタナなら浅ダナ、深いタナなら深ダナ（深宙）。

【タナ取り】（たなとり）＝底釣りをする時に、釣りたいタナを測る行為。

【タナボケ】＝ねらったタナに魚を集めて釣るのがヘラブナ釣りの基本。しかし、エサや釣り方が合わなかったりすると、一定のタナにヘラブナを集めておくことができずに、ヘラブナがねらっているタナ以外の層に移動していることがある。これをタナボケという。

【ダンゴ】＝麩エサを丸めたエサのこと。団子の意味で、両方のハリに付けて釣ることを「両ダンゴの釣り」という。

【段差】（だんさ）＝2本のハリスの長さの違いのこと。長さの違いが広い釣りを段差釣りという。ハリスの段差によってヘラブナの食い気が変わることも多いので、段差を細かく変える人もいる。

【段差の底釣り】（だんさのそこづり）＝バランスの底釣りと呼ばれる普通の底釣りのハリス段差が5～10㎝に対し、20～60㎝の段差を付けて釣る方法。段差の底釣りは、クワセのみが底に着いているのが特徴で、冬場の食い渋り時の定番の釣り方として定着しているが、今では釣り場や日によって盛期にも効果があるようだ。

【ち】

【釣果】（ちょうか）＝釣れた魚の数や重量のことで、「何kg（何枚）の釣果だった？」などと使われる。

【チョウチン釣り】＝サオの長さいっぱいのタナを釣る釣り方。ウキはサオ先付近に位置し、ウキの真下に魚を凝縮して釣る方法で、ヘラブナのタナに合わせて、サオの長さを変えて釣る。長い場合は、長ザオのチョウチン釣り、短い場合は短ザオのチョウチン釣りと呼ぶ。

【つ】

【釣り座】（つりざ）＝管理釣り場や釣り堀で設置されていることが多く、自分が座った位置のこと。

【釣り台】（つりだい）＝釣り座のない陸釣りをする時に設置できる組み立て式の台。大きいものはあぐらがかけて、コンパクトなものはまたいで使用する。高さや角度の調整ができ、管理釣り場などの釣り座と同じようにサオ掛けを設置して釣りができる。

【ツンアタリ】＝ヘラブナがエサを吸い込んだ時にウキのトップに出る1目盛りほどの鋭い下への動きの呼称。食いアタリの代表的なもので「どんなアタリ？」、「ツンアタリだよ」と使う。ヘラブナ釣りのアタリの呼称は多彩で、チク、ムズ、ムッなど表現豊かである。

【て】

【手返し】（てがえし）＝エサ付け、振り込み、エサ切りなどの釣りの一連動作。

【手直し】（てなおし）＝作ったエサが気に入らない時に、軟らかくしたり、硬くしたり、麩を新たに足したりしてエサのタッチを変えること。

【手水】（てみず）＝エサの手直しで軟らかくしたい時など、計量カップを使用するのではなく、手を水で濡らしてエサボウルの中に入れてかき混ぜたりすることを「手水で軟らかくする」などという。また、手水をエサの上から振りかける場合は「手水を打つ」という。

【天々】（てんてん）＝チョウチン釣りと同義。

【テンポ】＝ヘラブナ釣りでは、エサを打ち返すリズムのことをいう。「エサ打ちのテンポが早いね（遅いよ）」などと使われる。

【と】

【トップ】＝ウキのボディーに付いた目盛りの部分。水面に出たウキのトップの動きを見ることでヘラブナからの情報を得るのがヘラブナ釣りだ。すべての情報源はウキのトップだけなので、ヘラブナ釣りのウキは非常に繊細だといわれている。トップの素材には、パイプ、PC（ポリカーボネイト）、グラスムクなどがある。

【トーナメント】＝主に釣り具メーカーが主催する競技会のこと。競技は管理釣り場で行なわれることが多く、200～300名が参加する1日勝負の大会のほか、全国で開催される予選をくぐり抜けて戦う全国決勝という大規模なものまであり、人気を集めている。こうした大会の常連となる腕利き選手達のことをトーナメンターと呼んでおり、彼らは最先端の釣技を競い合う。

【ドボン】＝オモリを底に着けて釣ること。主に川などの流れがある釣り場で、エサが流されないような重い仕掛けを用いることをドボン釣りという。仕掛けを投入した際に〝ドボン〟と着水することから名付けられたといわれている。

【な】

【中通しオモリ】（なかどうしおもり）＝ドボンの釣りで使われるオモリのこと。オモリの中心部に穴が空いており、ミチイトを通して遊動式で使用する。

【なじませ釣り】（なじませづり）＝終始、ウキを先端近くまで深ナジミさせながら釣る釣り方。魚が多く寄ってきてもエサを工夫してなじませながら釣るのでタナが安定して大釣りにつながることも。途中のアタリはなるべく見逃して、深ナジミした頃合いに食いアタリが出るようにエサのタッチを調整するのがコツといわれる。

【ナジミ】＝エサの重さでウキのトップが沈むこと。エサ落ち目盛りよりも深くトップ先端ギリギリまで沈むことを「深ナジミ」といい、その逆を「浅ナジミ」という。「3目盛りなじんだよ」とか「うわずっているから、もっとなじませたほうがいいね」などと使う。

【に】

【入釣】（にゅうちょう）＝釣り場に入ること。釣り座に入れる時間を入釣時間という。

【ね】

【根掛かり】（ねがかり）＝仕掛けが水中の障害物や水底の石や木などに引っ掛かってしまうこと。なかなか外れない時は、サオをまっすぐに引くようにして、ハリスが切れるようにする。

【の】

【納竿】（のうかん）＝サオをしまうこと、すなわち釣りの終了を表わす。例会の納竿時間は15時などと使う。

【のされる】＝魚がハリ掛かりした時に一気に走り、水中へ大きくサオが引き込まれ、その引きにサオで耐えることができなくなるさま。最後はハリスが切られてしまう。

【乗っ込み】（のっこみ）＝春に水温が上昇して巣離れしたヘラブナが、産卵のために水温上昇の早い浅場へ移動して産卵するまでの行動。

【野釣り】（のづり）＝湖、川、沼など、自然湖沼の釣り全般を指す。

【ノーマルの底】（のーまるのそこ）＝いわゆる、2つのエサを底に着けて釣る通常の底釣りのこと。バランスの底釣りと同じ。段差の底釣り、ドボンと区別するためにこう呼ぶ。

【は】

【パイプトップ】＝ウキのトップの素材で中が空洞のもの。浮力があるのでエサをタナにぶら下げた状態で釣ることができる。細、中細、太、極太などの種類がある。

【ハタキ】＝魚の産卵行動。水性植物がしげる浅場や浮遊物に卵を産み付ける。この時、魚体を激しく動かすので、水しぶきが上がる。

【バラケエサ】＝魚を寄せることを目的とするエサ。主にセット釣りの上バリに付けて使用する。水中でエサが溶けていくようすを「バラける」と表現する。同じ意味で「バラケ性」という使い方をする。

【バラシ】＝ヒットした魚が寄せる途中でハリから外れること。「バラした」、「バレた」と使う。大半はスレ掛かりであることが多い。

【ハリス】＝ハリを結ぶイトのこと。

【はわせる】＝底釣りでエサを底に着けること。ズラシ幅と同意で使われる。

【ひ】

【曳き船】（ひきふね）＝野釣りで遠くのポイントに行く時、舟宿が船外機付きの船で曳航してくれること。

【ふ】

【麩エサ】（ふえさ）＝ダンゴエサやバラケエサを作る時の素材。主な原料が麩であることからこう呼ばれる。水を入れて混ぜて練りエサとして使う。

【振り込み】（ふりこみ）＝エサをねらいのポイントへ打ち込むこと。

【振り切り】（ふりきり）＝振り込みの際に、仕掛けの長さいっぱいに沖へ振り込むこと。野釣りなどで広範囲から魚を寄せたい場合に用いる。

【フラシ】＝釣った魚を入れるビクのこと。主に大会や例会など競技の時に釣果を県領するために使用する。

【へ】

【ヘチ】＝端や際という意味で使われる。横並びで釣る際の両端をヘチともいう。

【ほ】

【ボウル】＝いわゆるエサボウルのこと。エサを作るほか、手を洗うために水をくんでおく必需品。

【穂先】（ほさき）＝サオの最先端部分のこと。

【ボディー】＝ウキの一番太い胴体部分のこと。

【ポンプ】＝インスタントウドンを押し出して使う容器。オカユポンプともいう。壊れない金属製のものが流行している。

【ま】

【マッシュ】＝マッシュポテトのこと。特に巨ベラ釣りで使われるエサ。グルテンエサにもフレーク状にしたものが配合されている。

【マヅメ】＝魚が活発に動き、よくエサを食べる時間帯のこと。

【丸カン】（まるかん）＝ミチイトとハリスを接続する金具で小さくて丸いもの。

【万力】（まんりき）＝サオ掛けを固定するための道具。釣り座にある角木にネジで止めることからこう呼ぶ。

【み】

【ミザオ】＝舟を止めるために使う竹の棹《さお》。

【む】

【ムクトップ】＝主に直径0・8㎜前後の細いグラスムク素材をウキのトップに用いたもの。空洞であるパイプトップにくらべて中身が詰まっているので比重がある。魚の活性が高くてエサがなかなかタナまで入っていかない盛期の両ダンゴのチョウチン釣りの時にその比重を利用してエサをタナまで届けることが可能。また、トップを細くできるので抵抗が少なくなって、わずかなアタリでも出る特性があり、冬場の食い渋りにも効果がある。パイプトップとグラスムクの中間的存在としてPCムクトップもある。

【め】

【目盛り】（めもり）＝ウキのトップの色分けされた部分。エサ落ち目盛りを表わす時、上からなら5目盛り出し、下からなら2目盛り沈めなどと使う。節（ふし）と呼ぶこともある。

【も】

【もじり】＝魚が水面上に跳ねるようす。もじりがある所にはヘラブナの群れがいるといわれる。

【もどり】＝沈んでいたウキが、エサが溶けたり、魚の動きで上がってくること。「もどし」「かえし」ともいう。

【よ】

【陽気を食う】（ようきをくう）＝悪天候から一転して快晴になった時、急激な天候の変化で魚の活性が落ちること。

【ヨリモドシ】＝スイベル、サルカンと同意で、イトとイトを接続する金具。回転するのでヨレにくい。

【ら】

【ラフ付け】（らふづけ）＝エサを付ける時に、形や表面をきれいに整えないで付けるエサ付け方法。エサがバラけやすくなるので、魚を寄せることを目的としたエサ付け。

【り】

【リリアン】＝サオ先にミチイトを結ぶために付いているリリアンイトのこと。回転するようになっていてミチイトの絡みを防止する。

【両グルテン】（りょうグルテン）＝上下2つのハリにグルテンエサを付けてる釣ること。新ベラ釣りや底釣りで多用される。

【両ダンゴ】（りょうだんご）＝上下2つのハリに麸エサを練ったダンゴエサを付けて釣ること。盛期の釣りの代表格。

【る】

【涙滴型】（るいてきがた）＝エサ付けの形の一種。ハリのチモトを押さえて形を整える一般的なエサ付けをした際、しずくのような形になることからこう呼ばれる。

【わ】

【割れ落ち】（われおち）＝ダンゴやバラケが水中で溶ける時、一気に割れ落ちてハリから抜けること。

チョウチン両ダンゴ

	季節	サオ	ミチイト	ウキ	ハリス	ハリ
	春 (4～5月)	8～10尺	1.0	ボディー8～12㎝ パイプトップ	0.5号㊤40～55㎝ ㊦50～70㎝	㊤㊦6～7号
	夏 (6～9月)	8～10尺	1.2	ボディー10～15㎝ パイプトップ	0.6号㊤30～55㎝ ㊦40～70㎝	㊤㊦7～8号
	秋 (10～11月)	8～10尺	1.0	ボディー8～13㎝ パイプトップ	0.5号㊤40～55㎝ ㊦50～70㎝	㊤㊦6～7号
	冬 (12～3月)	／	／	／	／	／

チョウチンウドンセット

	季節	サオ	ミチイト	ウキ	ハリス	ハリ
	春 (4～5月)	8～10尺	0.8	ボディー8～12㎝ パイプトップ	㊤0.5号8～12㎝ ㊦0.3号40～70㎝	㊤6～7号 ㊦2～3号
	夏 (6～9月)	8～9尺	1.0	ボディー10～15㎝ パイプトップ	㊤0.5号8～12㎝ ㊦0.4号20～40㎝	㊤6～8号 ㊦3～4号
	秋 (10～11月)	8～9尺	0.8	ボディー10～12㎝ パイプトップ	㊤0.5号8～12㎝ ㊦0.4号30～60㎝	㊤6～7号 ㊦2～3号
	冬 (12～3月)	8～12尺	0.6	ボディー7～12㎝ パイプトップ	㊤0.5号8～12㎝ ㊦0.3号50～70㎝	㊤6～7号 ㊦2～3号

段差の底釣り

	季節	サオ	ミチイト	ウキ	ハリス	ハリ
	春 (4～5月)	水深に合 わせる	1.0	ボディー10～15㎝ パイプトップ	㊤0.5号10～15㎝ ㊦0.4号40～50㎝	㊤5～7号 ㊦2～3号
	夏 (6～9月)	／	／	／	／	／
	秋 (10～11月)	／	／	／	／	／
	冬 (12～3月)	水深に合 わせる	0.8	ボディー10～15㎝ パイプトップ	㊤0.4号10～15㎝ ㊦0.3号40～60㎝	㊤5～6号 ㊦2～3号

釣り方別・基本セッティング(管理釣り場向け)

浅ダナ両ダンゴ

	季節	サオ	ミチイト	ウキ	ハリス	ハリ
	春(4～5月)	8～9尺	0.8	ボディー5～7㎝ パイプトップ	0.4号㊤30～35㎝ ㊦35～45㎝	㊤㊦4～5号
	夏(6～9月)	8～9尺	1.0	ボディー5～7㎝ パイプトップ	0.5号㊤20～30㎝ ㊦30～40㎝	㊤㊦5～6号
	秋(10～11月)	8～9尺	0.8	ボディー5～7㎝ パイプトップ	0.4号㊤30～35㎝ ㊦35～45㎝	㊤㊦4～5号
	冬(12～3月)	／	／	／	／	／

浅ダナウドンセット

	季節	サオ	ミチイト	ウキ	ハリス	ハリ
	春(4～5月)	8～9尺	0.8	ボディー5～7㎝ パイプトップ	㊤0.5号6～8㎝ ㊦0.4号30～40㎝	㊤5～6号 ㊦2～3号
	夏(6～9月)	8～9尺	0.8	ボディー5～7㎝ パイプトップ	㊤0.5号6～8㎝ ㊦0.5号25～30㎝	㊤6～7号 ㊦3～4号
	秋(10～11月)	8～9尺	0.8	ボディー5～7㎝ パイプトップ	㊤0.5号6～8㎝ ㊦0.4号30～40㎝	㊤5～6号 ㊦2～3号
	冬(12～3月)	8～10尺	0.6	ボディー4～6㎝ パイプトップ	㊤0.5号6～8㎝、㊦0.3号35～50㎝	㊤5～6号 ㊦1～2号

バランスの底釣り

	季節	サオ	ミチイト	ウキ	ハリス	ハリ
	春(4～5月)	水深に合わせる	1.0	ボディー10～15㎝ パイプトップ	0.4号㊤30～40㎝ ㊦40～50㎝	㊤㊦4～6号
	夏(6～9月)	／	／	／	／	／
	秋(10～11月)	水深に合わせる	1.0	ボディー10～15㎝ パイプトップ	0.4号㊤30～40㎝ ㊦40～50㎝	㊤㊦4～6号
	冬(12～3月)	水深に合わせる	1.0	ボディー10～15㎝ パイプトップ	0.4号㊤30～40㎝ ㊦40～50㎝	㊤㊦4～6号

監修・伊藤さとし

いとう・さとし　1959年生まれ、埼玉県富士見市在住。
管理池から野釣りとあらゆる釣りをこなすマルチアングラー。相手に合わせた親切丁寧な解説ができる希有な存在で、テレビ、雑誌などで活躍中。伊藤さんの記事や映像でヘラブナ釣りを覚えたというアングラーは多い。現在はプロフィッシャーマンとして、各地の釣り場に奔走。東レ、マルキユー、シマノインストラクター、オーナーばりテスターなどを務めるほか、ヘラウキ「SATTO」をプロデュース。釣り会「アイファークラブ」主宰、「武蔵の池愛好会」所属。

伊藤さとしがやさしく、詳しく解説

ヘラブナ釣り超入門

2018年7月1日発行

監修　伊藤さとし
発行者 山根和明
発行所 株式会社 つり人社
〒101-8408
東京都千代田区神田神保町 1-30-13
TEL 03・3294・0781（代表）
制作 有限会社バーブレス
印刷 大日本印刷 株式会社

ISBN978-4-86447-319-4　C2075

■つり人社 URL　https://tsuribito.co.jp
■つり人オンライン https://web.tsuribito.co.jp/
■ TSURIBITO.TV-You Tube
https://www.youtube.com/user/eTSURIBITO
■釣り人道具店 http://tsuribito-dougu.com/

【DVDについて】

このディスクは一部の機種を除く市販のDVDプレーヤー、またはDVDビデオ対応パソコンなどで再生できます。


【DVD対応パソコンについて】

ウィンドウズ、マッキントッシュともに一部の機種を除きDVDビデオ対応機種であれば再生できます。

パソコンでDVDビデオを再生するときは、DVDプレーヤーソフトを使用してください。

自動的にDVDプレーヤーソフトが立ち上がらない場合がありますが、そのときは先にDVDプレーヤーソフトを立ち上げてからディスクを読み込んでください。

再生や選択の操作方法はパソコンソフトによって異なります。

詳細はご使用機種、ソフトの説明書を参照してください。

※このＤＶＤ動画は野外撮影のため状況により画像、音声が分かりにくい場合、虫やゴミなどの映り込み、それらにともない一部画像や音声処理がなされている場合がありますが製品の故障ではありません。